公共管理案例分析

（第1辑）

杨书文　主编

CASE ANALYSIS OF PUBLIC MANAGEMENT

中国财经出版传媒集团
经济科学出版社
Economic Science Press

图书在版编目（CIP）数据

公共管理案例分析．第1辑／杨书文主编．—北京：经济科学出版社，2019.2
ISBN 978-7-5218-0320-4

Ⅰ.①公…　Ⅱ.①杨…　Ⅲ.①公共管理-案例　Ⅳ.①D035-0

中国版本图书馆CIP数据核字（2019）第037244号

责任编辑：齐伟娜　初少磊　赵　蕾
责任校对：杨　海
责任印制：李　鹏

公共管理案例分析（第1辑）
杨书文　主编
经济科学出版社出版、发行　新华书店经销
社址：北京市海淀区阜成路甲28号　邮编：100142
编辑部电话：010-88191441　发行部电话：010-88191522
网址：www.esp.com.cn
电子邮件：esp_bj@163.com
天猫网店：经济科学出版社旗舰店
网址：http://jjkxcbs.tmall.com
北京季蜂印刷有限公司印装
710×1000　16开　14印张　220000字
2019年5月第1版　2019年5月第1次印刷
ISBN 978-7-5218-0320-4　定价：46.00元
（图书出现印装问题，本社负责调换。电话：010-88191510）

前　言

我国自1991年开始实行专业学位教育制度以来，经过二十多年的建设，专业学位教育发展迅速，目前，已基本形成了以硕士学位为主，博士、硕士、学士三个学位层次并存的专业学位教育体系。天津财经大学于2007年4月获得公共管理硕士（MPA）专业学位授予权。该专业学位旨在培养德智体全面发展的、适应新形势下公共管理现代化和专业化要求的政府部门和非政府公共机构的应用型、高层次、复合型公共管理领域急需的专门人才。

《教育部、人力资源社会保障部关于深入推进专业学位研究生培养模式改革的意见》明确了“以职业需求为导向，以实践能力培养为重点，以推进产学结合为途径，建立与经济社会发展相适应、具有中国特色的专业学位研究生培养模式”的改革目标，提出“完善培养方案、改进课程教学、加强实践基地建设、强化学位论文应用导向、推进与职业资格衔接、充分调动研究生积极性主动性、加强教师队伍建设、完善质量保障体系、鼓励开展联合培养”等方面具体内容。

公共管理硕士（MPA）专业学位在教学模式与方法上一直强调案例教学、课题讨论等方法的运用；案例分析写作也是公共管理硕士学位论文的重要形式。案例开发与案例教学是我校专业学位研究生培养模式改革的重要工作。《公共管理案例分析（第1辑）》是在财税政策与公共管理实践及对其业务深入分析的基础上撰写而成，涵盖公共管理学、公共政策分析、公共财政管理、政府税收管理、城市与税收管理等专业学位课程内容，目的是让学生通过对案例的学习，理解具有现实意义的财税政策与公共管理等相关问题，提高公共管理硕士研究生的职业胜任能力。本书共包括12个案例，由天津财经大学财政与公共管理学科的授课教师、部分MPA研究生共同撰写，每个案例均包括案例主体和案例教学指导两部分。本书适合高等学校一线教师、研究生、本科生及公共管理人员学习和阅读。书中观点和认识偏颇之处，恳请广大读者给予批评和指正。

杨书文

2019年1月

目　录

Contents

H区提升社区绿化建设 积极探索林荫停车位

杨书文　王　斌*

H区位于天津市区东南部的海河西岸，是天津市中心城区之一，辖区面积42平方千米，常住人口98万，下辖13个街道办事处、168个社区居委会。近年来，H区围绕建设“国际商务城区、多元文化城区、生态宜居城区”发展目标和“首善之区”新要求，解放思想，真抓实干，国民经济和社会事业取得了显著成绩。

H区经济社会发展和人民生活水平常年位居市内六区前列，群众购买车辆的能力和意愿相对较高。经H区房管局物业管理办公室对区域内住宅社区车辆、车位情况进行调查的结果显示，截至2011年，H区159个住宅社区居民户数为92841户，拥有车辆46509辆，社区规划停车位26834个，临时停车位4269个，约有33%的车辆无处停放，社区机动车停车位不足问题普遍存在，社区停车难问题较为突出。由于停车问题得不到解决，机动车乱停乱放问题也随之增加，居民在社区内乱停乱放、见缝插车、抢车位和堵社区的现象时常发生，既增加了物业管理的难度，也严重影响了居民的正常生活。

一、停车难题

X社区始建于20世纪70年代末80年代初，东邻宾西路，南接西园

* 杨书文，天津财经大学财税与公共管理学院副院长、MPA教育中心主任，副教授。王斌，天津市河西区人民政府办公室。

道，北靠宾馆南道，西至紫金山路。现有户数1900户、5000余人，占地面积13.42万平方米，建筑面积10.97万平方米。随着群众生活水平的提高，私家车拥有量逐步增多，“停车难”问题日益显现。据X社区居委会L主任介绍，像X这样的老旧住宅社区，由于停车难引发的各类问题非常突出，该社区内车辆停放无序，出入秩序相当混乱，车辆剐蹭事件也时有发生，120救护车出入困难，消防通道堵塞占压，群众迫切希望政府对社区环境、停车秩序等进行综合提升改造。具体问题体现在以下四个方面：

一是挤占居民的活动场地。目前，像X这样的社区，建筑密度比较高，由于历史原因，社区基础设施相对薄弱，基本没有配建机动车的停车位，而且也没有预留建设停车位的空地。部分居民在社区的楼旁、路边，甚至社区出入口停车，侵占了社区居民的活动空间，严重影响居民在社区内的活动。同时，社区内居民的出行安全受到威胁，部分在周边单位上班的车主随意进出，又将车辆无序地停放在社区内，致使路面破损严重，居民尤其是老人、儿童无所适从，极易受到伤害。

二是社区绿化遭到破坏。社区内绿化率不高，植物选择单一，环境显得非常单调，再加上部分居民随意占用绿地停车，经常碾压楼群中的绿化带，有的甚至把原有的绿地改造为停车场，楼群之间的树木和绿地生长困难，绿化面积大幅减少，原有绿地杂草丛生，黄土裸露的现象也非常明显，失去了原有的景观效果。

三是社会矛盾时有发生。社区内有车居民和无车居民时常由于停车引发矛盾，有车居民有时将车辆停放在一楼居民窗下，灯光、尾气、噪音都会对居民造成影响。也有部分居民为了抢占停车位，安装地锁、放置废弃物品占据车位，划车事件时有发生，邻里相互之间经常发生争吵，严重影响了居民之间的关系，一定程度上也影响了社区的和谐与稳定。

四是社区防灾救护能力无法保障。汽车的乱停乱放不仅占用公共道路有限的空间，破坏了绿化景观，也给救生和消防带来了安全隐患。由于车辆停放不当堵塞了消防救援通道，社区同时又缺少对行车路线的规划，一旦发生火灾和有危急病人，消防车辆和救护车辆无法及时到位，后果不堪设想。

二、老旧社区改造

2011 年，天津市委、市政府作出了重要部署，决定利用三年时间对中心城区成片老旧社区进行居住功能提升改造。本次列入提升改造范围的老旧社区主要是建成年代较早，房屋及配套的设施设备老化，影响居民正常使用的公产房、私产房和早期建成且无人管理的商品房社区。其改造内容可概括为：更新 1 个信报箱，安装 2 个门（楼栋门、社区大门），改造 3 根管（自来水管、燃气管、排水管），实现 4 个化（甬路平整化、健身设施普及化、楼间环境规范化、非机动车停放集中化），完善 5 个功能（屋面防水、供热计量节能、供电安全保护、整修楼道照明及相关设施、垃圾设施修复等内容）。此外，各区政府还可以结合各自实际，因需施策，因地制宜，适当安排增加社区绿化、规范护栏等内容。同时，为了巩固老旧社区居住功能综合提升改造成果，依法建立和完善老旧社区长效管理机制，全面提升管理服务水平，天津市政府还制定了《关于进一步加强我市老旧社区提升改造后长效管理的意见》，从旧楼改造的实施范围、管理模式、职责分工、接管标准、经费来源、扶持政策和工作要求七个方面进行了规范。

经过近两年的实践历程，老旧社区提升改造全面改善了 H 区老旧社区的居住环境，楼道变得干净整洁，社区内新安装了信报箱、楼栋防盗门和一些健身设施，同时在改造过程中也消除了下水跑冒、道路坑洼等长期困扰居民的生活难题。但是，在老旧社区改造项目过程中，无法解决居民停车难题，居民迫切需要在老旧社区改造中探索出一条既能提升社区绿化，同时也能改善停车条件的途径，对社区停车位、甬路、绿地进行综合提升改造。如何改善这些居民的生活环境，同时能够满足居民的停车需求，已经是政府部门亟待破解的民生难题。

三、一个契机

2013 年 10 月 17 日，天津市委、市政府召开了“美丽天津 · 一号工程”建设动员部署会议。会上，市委书记要求全市各区县、各部门、各单位要进一步统一思想，把实施“一号工程”摆在突出位置，大力开展清新空气、清水河道、清洁村庄、清洁社区和绿化美化“四清一绿”行动，加强综合治理，严格落实责任，努力实现空气质量明显好转、水体质量明显改善、城乡面貌明显变化、绿化美化水平明显提高，为人民群众创造更加生态宜居的良好环境。按照市委、市政府部署，为加快推进美丽天津建设，提升群众生活环境，H区筹划以X社区为试点，将其列入“美丽天津·一号工程”，提升社区园林绿化、更新铺装和建设林荫车位，规范停车秩序，实现绿化提升，加强社区管理，为全市社区提升改造工作积累经验，美丽社区综合提升示范工程应运而生。

四、探索停车改造

1. 政府部门关注

2013年11月14日，S副市长深入H区X社区进行现场调研。市民政局、市市容园林委、H区分管领导陪同。在现场查勘后，确定将X社区作为解决普遍存在的“社区内停车难”这一突出问题的试点社区。在调研会上，S副市长指出，“要合理规划空间，处理好绿化、休闲、通行与停车车位的关系，通过改造解决好社区停车秩序，最大限度满足百姓需求，作为可推广、可借鉴、可复制的经验，为全市树立典型。同时责成市容园林委制定规划设计方案，并提供必要的支持，由H区负责具体组织实施”。随即，X社区被列入全市美丽社区综合提升工程示范试点，H区成立了以分管副区长为指挥、有关部门为成员的综合提升工程指挥部，落实责任，形成合力，高质量高效率推进提升工程建设。

2. 意见征询

2013年11月16日，由H区市容园林委、街道等部门共同组织居民代表、楼栋长召开征求意见座谈会。会上，居委会L主任为大家介绍了前期基本情况，“提升改造社区停车位需要对现有社区内空间重新划分，根据《物权法》相关规定，社区内道路、绿地和其他公共场所、公用设施都属于业主共有，需要充分征求大家的意见。今天，我们在这里召开座谈会，就是要听听大家的意见”。大部分居民表示了对改造的赞同，同时提出了自己的建议。有的居民担心绿地会减少，“听说这次要将绿地改造成停车位，那么绿地的面积会不会变少，在改造时还要考虑绿化的问题”；有的居民有将车辆停在树下的顾虑，“原来把车放在咱们社区里的树下，总是被树上流下的树胶弄得很脏，导致我们不敢把车放在树荫下，希望你们能好好研究一下树种”；还有居民提出了关于自行车存放的建议，“改造停车位，我不反对，但是还有很多人是以自行车方式出行，原来我们放在楼下很方便，这次规划还得要考虑下自行车的存放位置”。

会上，H 区市容园林委就居民反映的车位设置、绿化提升、社区出入口设置、机动车行车路线、车位管理、技防设施缺失等问题进行了全面记录，并表示将充分听取群众意见，尊重群众意愿，制定合理可行的改造方案。关于大家关心的树木遮阴、病虫害等问题，市容园林委在前期作了大量调研工作，综合了几种主要树木的特点，最后选择了法桐作为停车位的绿荫。法桐有“四大行道树”的美誉，在许多城市专门作为绿化树木，树体高、树冠大、遮阴效果好、病虫害少、养护管理方便，非常适合社区的需求。后期，市容园林委还会通过走访、问卷、听证等方式，按照大家的意见进行修改完善，真正体现出“由百姓来做主”。

3. 停车位设计

在市市容园林委的指导和支持下，H 区从满足百姓的实际需求出发，坚持“以人为本”的指导思想，对社区改造方案进行了充分调研、反复论证和提升完善，科学设计优化提升方案。在绿化提升方面，采取栽植法桐形成林荫空间，在间隙增辟停车泊位的方式，达到既不减少社区整体绿化面积，又缓解停车难的效果。其中，每个车位长 5.5 米、宽 3.5 米，面积为 16.5 平方米，社区主干道路、车位前排栽种法桐，后排种植地被植物，在临近居民楼的地方种植冬青，阻隔汽车灯光和尾气对一楼居民的影响。同时，规划建设居民游乐园，配备健身设施和景观桌椅坐凳，满足居民休闲需求，为社区社团提供活动空间。此外，提升改造方案还规划了新设自行车架、配置垃圾分类箱桶等项目，在增加可利用空间的同时，更加方便居民的日常生活。

4. 公众参与

2013 年 11 月 18 日，H 区实施了绿化提升和停车位改造前期工作，主要是进行社区内清拆清整和首层规范工作。在社区公共绿地内养花种菜，是一直以来老旧社区中颇具争议的现象，在X社区这种情况同样存在。解决好这一难题，就是要坚持依靠群众、服务群众，做好群众工作，主动争取群众的理解与支持。在召开征求意见座谈会后，居委会L主任就充分利用橱窗等载体大力宣传，让居民认识到停车改造的积极意义，切实做到家喻户晓、人人皆知，号召居民共同参与，汇聚力量。家住21门1楼的张大爷，退休后最大的爱好就是种菜，他在家门前搭了一个葡萄架，同时种了丝瓜、辣椒等多种蔬菜。在得知施工要将门前的架子拆除时，他非常心疼。为此，L主任不厌其烦地多次下户做思想工作，讲清利害关系，拿出规划的效果图展示改造后的良好环境，最终取得了张大爷的认同。他说，“虽然我只是在门前种菜，不会影响到邻居，但是这里以前是公共绿地，你们说在这次社区提升改造中也会补种一些树木，恢复原来的绿化，我会全力支持的”。他亲自动手将架子拆除，将门口的花盆与杂物都清理了。随后，还带动周边居民一起配合，主动清整自己门前的杂物。

由于在施工前充分发动群众，清拆工作进展比较顺利，虽然在过程中发生了一些其他小插曲，如部分居民不同意挪树、部分居民不愿规范首层护栏等情况，在工作推动过程中，街道和居委会的同志们都表现得非常冷静，他们深知无论遇到什么情况都要有耐心，要对居民进行劝导和说服教育，最终取得居民的理解与支持。在居民们的大力配合下，街道办事处派出工作人员和车辆，短短两天时间内，就清理堆物80余处、圈占10余处，清理、收购无主和报废三轮车、自行车1900余辆，清理报废机动车14辆，为后续施工奠定了基础，开了个好头。

5. 启动改造

2013年11月23日，美丽社区综合提升示范工程全面开工建设。X社区居委会L主任介绍，社区原有机动车停车位257个，自行车停车棚1处。现在社区内的机动车有近600辆，这次改造工程预计能在社区内规划出500余个车位，规划出的车位基本上可以满足社区居民的停放需求，同时，严格控制非本社区车辆出入，社区停车压力将得到有效缓解。

11月26日，市容园林委S主任、W副主任等查看了美丽社区综合提升改造工程施工现场，听取了H区负责同志关于工程进展情况的汇报，并要求各参战单位高度重视该项工程建设，在计划工期的基础上严格保证工程质量，通过工程建设把该社区变成可示范、可复制、可推广的美丽社区。

2013 年 12 月 18 日，X 社区车行道道路改造顺利完成。市政部门在时间紧、任务重的情况下，统筹安排车行道道路改造和更换社区收水支管的排水改造施工计划，圆满完成了改造任务，居民的出行环境得到明显改善。

2013 年 12 月 31 日，X 社区综合提升改造工程顺利完工。在施工过程中，H 区组织了 10 余个部门，出动 15 支施工队伍，2000 余名施工人员，克服冬季施工的重重困难，顺利完成了改造任务。绿化工程分为社区中心绿地、宅间合围绿地、宅间开放绿地三部分，其中，小游园改造 1100 平方米，楼间绿地提升 7724 平方米，楼前铺装 11759 平方米，栽植大乔木 584 株，在保留原有社区较大植物的基础上，栽植法桐、石榴、珍珠梅、紫叶李、金叶榆、绣线菊、黄杨等植物。工程新建机动车停车位 480 个，新设自行车停车架 60 个，设置垃圾箱桶 65 套，粉刷外檐 74069 平方米，油饰窗护栏及阳台栏 5366 平方米、规范首层 4965 平方米，保护室外供暖管道 5032 米，改造社区甬路 12952 平方米、升降检查井 222 座，维修路灯 175 个。改造后的 X 社区面貌大为改观，房屋由“旧”到“新”，道路由“洼”到“平”，管线由“乱”到“齐”，绿化由“粗”到“精”，配套设施由“缺”到“有”，人居环境和人居质量得到了极大提高。

2014 年 1 月 9 日，市领导带领市内六区、环城四区和市相关委办局的主要领导深入 X 社区实地查看社区绿化提升规范停车综合改造情况。社区居委会 L 主任带着大家边走边看：“这次工程将原本社区的楼前绿地宽度缩小，但是因为规划合理，新栽植了法桐等树木，绿地的面积还有所增加。针对在居住区内施工、工程量大的特点，为了尽量缩短工期，减少对居民正常生活的干扰，指挥部实行平面、立面、绿化工程交叉作业，做到空间占满、时间连续，保证了各项工程优质、高效、有序推进。从施工开始就把改造内容、改造效果和施工负责人电话，在社区显著位置向居民群众公示，听取群众意见，利用社区管理和社区服务综合信息平台、QQ 群、微信群等宣传载体，搭建政民互动通道，发布施工安排、工程进度、效果展示等图文信息，让居民切身感受到市委、市政府落实民心工程的决心。另外，停车位改造工程的每个细节都让住在这里的居民感到非常放心、舒心。在楼体外檐粉刷、市政道路改造中，帮助居民解决了夏季屋顶漏雨、污水管道堵塞等问题。社区花园的提升改造，则将原有小花园改造为老年和儿童两个专属活动区域，在花园中新铺设了塑胶地块，安装了木椅，成为居民聊天、娱乐、休息的好地方。在施工高峰期，协调东风里大队交警解决了居民晚上停车难的问题。此外，X社区还引入了物业公司，负责社区车辆的秩序维护、出入管理和楼内外保洁工作，尽管目前尚未正式开始停车收费管理，但社区出入口秩序井然，停车秩序良好。”在实地查看结束后，S市长对社区绿化提升规范停车综合改造情况比较满意，并叮嘱区、街和社区负责同志，要把提升改造后的社区利用好、管理好，让社区居民享受到优质的服务，为美丽天津和美丽社区建设多作贡献。

6. 收费争议

随着改造工程顺利完成和物业公司的入驻，社区管理得到了明显提升。但是，居民又对物业费和停车位收费产生了不满。目前，在H区接管老旧社区的S物业公司是房管局下属的单位，主要接收“4050”下岗失业人员，推动老旧社区改造后的长效管理。随着房地产业的高速发展，物业管理已经引起人们的高度关注，而物业收费难则成为现行物业管理中最为突出的问题。部分居民不按时缴纳物业费，造成了“物业公司亏损—物业服务质量下降—更多居民不缴纳物业费”的恶性循环。为此，S物业公司作了前期调研，按照X社区70%的居民缴纳每户每月8元的物业费计算，再加上政府给予的政策补贴，刚刚能达到收支平衡。今后如果面临人工成本、办公费用的不断上涨，这个收费标准将无法维持物业公司正常运转，也同时影响了居民居住环境。

在提升改造之后，S物业公司准备实施“一卡一车”的制度，具体来说就是停车卡分为每月130元的固定车位卡和每月70元的流动车位卡两种，用于改善乱停车的问题，而收缴上来的车位费也将补贴到社区维修等方面，更好地为社区建设服务。同时，提高物业费收费标准，加上政府补贴部分，用于管理、保洁人员工资和煤、水、电等办公设施成本，维持物业公司的收支平衡。

对于这样的收费方式，社区内的部分居民表示不能接受，他们认为这次改造是只兼顾小部分有车人的利益，没有顾及全体居民共同利益。“为了改造你们的车位，压缩我们的活动空间，如果用这个理由上涨物业费，那我们肯定不同意。”“物业公司来社区收费，我们没看到你们的服务项目，就直接收费。收费也可以，但是我们不清楚你们这些收费用在什么地方?”出示物业公司的账单，成为大部分居民的诉求。由于居民之间争议较大，并在社区组织了请愿活动，原计划启动的停车管理暂时无法实施，社区外车辆随意停放，又形成了较为混乱的停车状态。

2014 年 2 月 20 日，H 区及时组织物业办、社区居委会、社区物管会的相关人员召开协调会，会同物业公司认真研究管理措施、商讨管理事项。会上，H 区负责同志对 X 社区改造管理情况进行了分析，“X 社区经过提升改造后，由物业公司进行管理，这需要居民配合物业公司按时缴纳物业费，实现社区管理以及收支的良性循环。车位增加了，并不是所有老百姓都受益，最受益的是有车族。但是，停车位是占用了原本属于大家的空间，无车族的利益无形中受损。因此，对有车族，应该用准市场化的标准来管理停车位，对停车位收费进行合理定价。但对于是否在社区提升改造、引入准物业管理后，就同步提高物业收费标准问题，我们要持谨慎的态度，因为这项收费涉及社区所有百姓切身利益，特别是会牵动无车族的神经，而这个群体往往也是低收入的群体，难免会引发因为规范和提升改造停车位而导致涨物业费的误解和怨言。因此，我们初步考虑是，随着物业管理服务水平和居民认可度的逐步提高，前期暂不提高物业费标准，而是通过美化环境、搞好物业管理，在提高物业费收缴率上下功夫，再加上市、区两级政府补贴、停车位收费，争取实现物业公司收支平衡。待时机成熟时，再考虑提高物业费标准”。同时，对下一阶段任务做出安排：首先，制定机动车管理制度及收费标准。经过前期采取问卷调查、居民听证、协商讨论等方式，并经社区物业管理联席会议决定，物业费收费标准不变，车位费收费标准还是按照固定车位每月 130 元，流动车位每月 70 元。临时卡两小时内不收费，超过两小时每小时收费 4 元。从即日起，在社区内向社区居民进行公示 3 ~7 天，同步进行车辆登记、收费，自 4 月 1 日起正式实施。其次，制作电子门、门禁卡、电子监控等管理设备，与物业公司交接。对社区的出入口进行规范，对社区大门进行重新修缮、调整，设置一组分离道，实现出入口行人与机动车道分离，并就新建社区岗亭、完善后的社区大门和物业公司完成交接。关于工作人员，在物业入驻初期，先协调借调部分保洁、保安人员对社区进行管理。后期，由物业公司组织招聘相关人员，由街道劳动保障中心协助做好招聘工作。

7. 完善停车管理制度

停车泊位不仅要建设好，更要管理好。2014年4月22日，S副市长到H区调研指导X社区停车位管理工作，并在会上提出具体要求：一是要按照将物业管理纳入社区管理范畴的工作要求，落实社区居务、管委会、物业管理“三公开”，充分发挥居委会化解纠纷矛盾的作用，完善社区长效管理各项制度；二是要针对停车管理收费事项制定专项管理细则。会后，H区立即组织相关部门召开会议，安排部署下一步工作：一是对《H区X社区老旧社区改造后实行长效管理的规章制度》《X社区车辆管理规定》两套管理办法中的服务标准和内容，结合实际进行优化调整完善；二是由街道党工委牵头，对X社区物业管理工作进行指导，发挥在社区社会事务管理工作中的组织监督协调作用；三是由区房管局和街道办事处分头制定X社区停车位专项管理细则；四是将修改完善后的X社区各项长效管理细则及时在社区公示，进一步征求社区居民意见。

为确保520个车位能够高效利用，本着便民、惠民的原则，H区X社区积极探索准市场化的车位管理模式。

一是完善管理制度，优化行驶路线。制定《车辆进出管理规定》《车辆停放管理规定》《车辆行驶管理规定》《非社区车辆出入管理规定》《占地费缴纳管理制度》等，相关制度由社区物业管理联席会议通过后，委托物业公司进行相关管理。按照机动车“一进两出”的设计方案，在社区南侧道路上设立主入口，在其东西两侧各设两个出口，缓解社区出行压力。出入口设置电子门、门禁卡、电子监控等设备，实行24小时值班监控。在社区内部合理规划行车路线，按照东西两个出口设置在主路上标画行车标示线，引导机动车出入，形成两个单向行驶的独立循环带。设立限速指示牌、交通指示牌，并安装减速带控制车辆行驶速度，同时协调交管部门在两个出口设立黄色网格线，保证车辆出入安全有序。

二是分类管理各类车辆。针对不同进出车辆发放三类车卡：对社区车辆，要求车主携带户口本、房屋产权证、机动车行驶证统一办理月卡和停车证，按月充值；对外来车辆，在入口处发放临时停车卡，按时计费，同时摄录车牌登记，不得在社区内过夜；对 70 岁以上的空巢老人家庭，制作爱心卡，每户一张免费发放，以满足其子女探望时的停车需求。在应对突发事件时，对于急救车、抢险车等特种车辆及时放行，若有居民家中有特殊事件，在告知登记后，对相关车辆发放临时出入卡予以放行。将停车位划分为 360 个固定车位和 160 个流动车位，固定车位指定车牌号使用，流动车位不指定车牌号，在无本社区车辆停放时，供临时进入社区的车辆停放。

三是合理确定收费标准。确定固定车位每月收费 130 元，流动车位每月收费 70 元，临时卡两小时内不收费，超过两小时每小时收费 4 元。后期将视车辆增长情况，引入市场化手段，采取车位占地费竞价或拍卖的方式进行管理。在停车费使用上，全部用于社区建设、监控摄像、门禁门卡、车位等设施的维护保养，以及卫生保洁、安保巡视等相关人员的工资等费用。对经费使用严格管理，做到账目清晰、定期公示、民主监督。

8. 长效管理

为巩固美丽社区综合提升工程的成果，长久保持社区停车有序、环境整洁、平安和谐，要充分调动群众自觉参与社区建设管理和自觉维护提升改造成果的积极性。为此，H 区积极探索网格化、精细化、长效化的社区管理模式。

一是建立社区联席会议协调机制。成立社区党委、社区居委会、物业公司、派出所、综合执法、市政、园林、社区老年协会、楼栋长相互配合的“九位一体”社区联席会议协调机制，明确各方管理职能。每月定期组织召开联席会议，研究解决实际问题。制定了《X 社区联席会管理规则》《X 社区物业公司管理职责》《社区环境维护管理办法》《社区公共设施保护管理规定》《居民自治公约》等相关制度和管理规定。在社区入口处设立两个公示栏，作为社区居委会与物业公司共用，用于公示相关内容。公布市政、园林、执法队、派出所、居委会、物业公司的服务电话，方便居民群众反映问题，接受居民监督，实现社区建设共议、共谋、共管、共担、共享。

二是打造网格化全覆盖管理模式。构建“人防为保障、物防为基础、技防为手段”的三防网络。居委会、物业、网格长、巡逻队形成合力，坚持岗点与巡视相结合，建立“夜有巡逻、日有巡查”的自防体系。加强巡视维护，严格出入口门禁值班登记，定期进行对讲系统使用维护，保证物防体系安全有效。在社区重点点位、出入口安装摄像头，实行24小时监控。由街道办事处为物业公司无偿提供两轮电动巡视车，用于社区的日常巡逻，防止盗窃行为发生，保障社区安全。同时，街道办事处结合各科室工作实际，制定出针对X社区出现群体性事件的应急预案，确保反应迅速、处理得当，把影响控制在最低。将社区划分为四个网格，实行专人负责制，实现联系居民群众无缝对接。每个网格设置一名网格长总负责，下设网格员，由居委会、社区物业、社区志愿者派人担任，做到定人定格。通过明确网格各节点人员，将管理职能延伸到社区每一个楼门，实现社区管理的全覆盖。发生突发问题，在第一时间定位网格，所属网格长按照问题类别，快速通知专项负责网格员，并立即赶到现场进行处置。

三是动员群众共建共享美丽社区。在居民中提倡“社区是我家、管理靠大家”的理念，开展“人人动手，美化环境”行动，充分利用游艺园、活动中心等公共场所，发动社区志愿者和社团开展活动，丰富居民文化生活。用环境来影响、用舆论来引导、用制度来规范，动员居民群众积极参与社区管理，自觉维护美丽社区建设成果，形成人人讲文明、个个树形象，共建共享美丽社区、平安社区、和谐社区的新局面。

五、全面推广

由于目前在天津市许多老旧社区都存在着停车难的现状，居民对于增设停车位的要求也越来越迫切，而在老旧社区内还普遍存在绿化不足的问题。考虑到H区在X社区改造和管理过程中进行了一些有益的探索和尝试，取得了一些成绩，2014年，天津市召开了“市容环境综合整治动员会”，会上启动了“绿荫泊车工程”，在125个老旧社区综合提升改造的基础上，建设停车泊位，缓解停车压力。H区也继续推广X社区综合提升经验，在13个社区的老旧社区综合提升改造中，因地制宜、创新思路，采取绿化提升增辟林荫车位的方式，解决居民区停车难问题，同时加强网格化、精细化、长效化管理，营造更加舒适宜人的居住环境，努力把好事办好，让广大居民群众更加受益、更加满意。

六、结束语

老旧社区停车管理是城市建设与发展中面临的一项难题。目前，在 X 社区停车管理模式运行过程中还存在一些问题。例如，一是在现行机动车管理制度中，流动车位比固定车位收费要低，出现居民对流动车位需求过大，固定车位需求相对较小的情况，还需进一步研究，完善相关措施，平衡两种车位之间的供需关系。同时，由社区居委会证明机动车为本社区车辆尚有一定难度，此事还需由社区居委会与物业公司在日后的实施过程中商议确定。二是老年人反映的树下乘凉问题，新栽种法桐的成长还需要一定的时间。另外，法桐成长为参天大树也许会影响部分居民户的采光，也为后期养护管理提出了很高的要求，这些都是下一步在运行过程中需要研究解决的问题。绿荫泊车工程能否取得预期的效果，还需要长时间的运行。随着这项工作逐步得到大家的重视，居民参与管理的意愿越来越高，这就需要政府机关以新理念、新思维、新举措谋划发展，坚持更高的工作标准，全力推进社区建设管理，为经济社会健康均衡可持续发展提供保障。

思　考　题

1. X 社区对停车位的建设、管理在目前看来还有很多问题需要解决，你认为有哪些可以改进的措施？

2. 你是否了解其他省市的相关做法，有何异同？

3. 面对住宅社区停车管理的难题，你是否有更好的对策和建议？

案例教学指导

H区提升社区绿化建设积极探索林荫停车位

一、课前准备

提前一周将本案例下发给学生，要求学生搜集我国相关城市老旧社区停车现状，结合案例查找关于停车设施使用管理维护情况，同时了解不同模式下停车管理的经验与做法。

二、适用对象

本案例适用于公共管理专业本科生及硕士研究生。

三、教学目标

（1）通过本案例，引导学生研究形成城市老旧社区停车难和物业收费难问题的原因。

（2）分析H区针对社区停车难问题的解决对策，寻求可改进之处。

（3）研究政府部门在制定和实施此类公共政策时的协调机制。

四、要点分析

1. 社区停车难的主要矛盾

对于社区停车难的问题，主要是由社区内停车设施不足与居民群众机动车拥有量的迅猛增长不相适应所形成的矛盾造成的，其主要因素有以下几个方面。

一是居民新购车辆不断增加。由于目前机动车购买和使用成本较低且替代出行方式的公交服务水平距居民意愿还有差距，致使汽车保有量不断增长，停车位供需紧张。截至2013年，天津市机动车保有量已经超过了240万辆，停车供需矛盾进一步扩大。2013年12月15日，天津市政府发布了《关于实行小客车总量调控管理的通告》和《关于实施机动车限行交通管理措施的通告》，决定自 2013 年 12 月 16 日零时起，市行政区域内小客车实行增量配额指标管理，增量指标须通过摇号或竞价方式取得，一定程度上控制了居民购车数量大幅上涨。

二是社区停车位规划配套建设标准缺失或滞后。目前，1997 年以前建设的住宅项目几乎没有考虑配建停车位；1997 年以后的项目虽然有配建标准，但普遍标准很低，滞后于目前的经济社会发展需求。一些住宅建设规划缺乏前瞻性，项目密度大，停车设施不足；一些建设项目不建或少建停车位，导致停车位缺口日益增大。现在城市中许多社区都是已建设多年的老旧社区，居住人口密集，楼梯间距过小，对于机动车停车方面的改造也不够全面，缺乏必要的停车设施，且周边单位偏多，社区里除了有居民车辆停放，还有不少的辖区单位车辆停驻，进而造成社区停车难、停放乱的普遍现象。

三是社区停车的管理主体和管理标准不明确。现有的交通法律法规对社区停车管理尚不完善，缺乏相应的规范，社区停车管理处于无法可依的状态。交管部门只管城区主干道，“无权”将管理的触角伸进社区；城市管理综合执法部门的职权也限制在处理违章占道问题，无法触及车辆的其他违章行为；社区居委会是居民的自治组织，且物业公司也只是一个服务性企业，对于机动车辆不具有依法管理的主体资格和处置权限。天津市物业管理条例对物业企业的停车服务行为也缺乏细则性规定，致使物业企业的停车服务与车位收费等问题没有规范性的管理标准，从一定程度上激发了物业管理公司与社区居民的矛盾。虽然天津市在 2012 年发布了老旧社区管理的指导性文件，对机动车管理做了明确，但只是一个笼统性的指导意见，缺乏具体明确的细节，致使针对性不够、可操作性不强。目前，天津市缺乏具有完整性、系统性、统一性的老旧社区车辆管理行政法规，无法适应老旧社区停车管理的需要。由于没有强有力的行政措施，出现了停车位被占用或被挪作他用、不服从规定乱停车等现象，将直接影响老旧社区停车管理的效力和相关政策措施的实施。

2. 物业收费难的主要矛盾

根据相关部门统计数据显示，H 区老旧社区的物业服务费的缴费率仅为40%～50%，最低的社区不足10%，远远不能支撑物业公司发生的各项费用。缴费率低，造成物业公司无法保证人员工资待遇，更难以提高服务水平，居民享受不到应有服务，形成老旧社区管理服务恶性循环。从物业工作来讲，包含了两个方面：一是物业公司收费与居民缴费的矛盾；二是物业管理公司收费水平与服务质量的矛盾。主要有以下几个方面原因：

一是居民对“花钱买服务”的意识不足。居民对物业管理存在不适应的情况，尤其是老旧社区的居民，部分仍习惯于过去计划经济时期的传统房屋管理模式。这部分居民对老旧社区物业管理存有偏见，认为社区提升改造和美丽社区建设是免费的工程，物业服务相应也是“免费午餐”，认可物业服务，不认可交纳费用，既要服务上乘，又要不收费或少收费，停车收费更是难上加难，造成物业管理公司收费困难极大。由于物业管理涉及公共服务，并非针对单一居民，也就是说部分居民不交费物业公司也不能停止对社区的整体服务。居民就是受了这种常规情况的影响，觉得不缴纳物业费也不会有什么影响。同时，这样也容易造成物业人员的劳动成果得不到尊重，居民“花钱买服务”的意识需要进一步培养和引导。

二是物业的管理服务与居民期望存在差距。在老旧社区综合提升改造前，居民只交纳每月2元的卫生费。在老旧社区综合提升改造后，物业公司就要进驻并收取物业服务费以及停车费。一方面，物业公司缺少对物业服务标准的公示。大多数老旧社区的居民不清楚物业管理服务的内容，只是通过平时的生活了解到一些物业的服务内容，如门岗保安、楼道保洁等简单基本的服务，居民很容易产生没有得到什么服务的感觉。而物业公司对于楼道内满墙的小广告缺乏防治，对于社区内的绿化也极少管理，同时，物业公司在老旧社区一般没有开展类似家政服务、代收水电费等服务，容易造成居民期望上的落差。另一方面，准物业管理单位聘用人员多为外来务工人员和本市“4050”下岗失业人员，他们的工资基本上是按照最低工资标准给付，造成了人员流动性较大。同时，由于这些物业管理人员年龄较大、素质不高，服务意识不强，在社区物业管理服务中还存在差距。

三是政府对物业管理服务的支持力度不大。一方面，对物业管理服务缺乏宣传。在老旧社区综合提升改造工作中，过于注重硬件设施上的投入建设，而忽视了对于居民理解物业工作这个软环境的建设力度，造成居民对物业工作的认知程度不够，容易引起居民与物业企业之间的纠纷。另一方面，对物业管理服务缺少法律法规体系上的支持。在收缴物业费时，物业公司对于部分居民欠缴的情况，有权利去法院履行诉讼程序。但是，在履行程序的过程中，存在着诉讼程序时间长、执行难度较大的问题。由于物业欠费案件的涉案金额不大，属于小额诉讼范围，法院对于这类案件的态度不一，有时甚至不予立案。在处理过程中，调查往往耗时许久，给物业企业带来的负担过重。就算法院进行判决，也会存在执行时间长甚至无法执行的情况，在社会层面对物业公司的社区服务及收费造成了一定的影响。

3. 政府在解决社区停车难问题上起到的作用

一是坚持规划先行。科学制定社区停车方案，合理设计社区停车系统是解决好城市发展过程中出现的停车难问题重要的基础性工作。绿地与停车位之间的矛盾，实际上已经存在很长时间。针对老旧社区，要对社区内车位情况及居民拥有车辆情况进行详细的摸底调查，找出停车管理中存在的问题，针对存在问题制定相应的规划。在有条件的社区提升绿化，建设林荫车位；对于没有足够空间用于改造的社区，或是经过停车位改造后还不能满足社区居民的需要，可以考虑充分挖掘空间停车潜能，设立路边夜间停车或建立公共停车场。

二是实施提升改造。实施老旧社区停车位改造，就是在综合提升老旧社区居住功能的同时，缓解社区停车压力。由于已经有了老旧社区停车位改造的典型，就是通过栽植全冠乔木形成林荫空间，乔木间隙增辟停车泊位，在增加社区绿化面积的同时，也拓展了停车空间。这种停车位改造方案可遵循一定的模式。首先，要实地调研，通过社区居委会对社区内停车设施、车辆情况进行梳理。还要对社区内各类配套设施进行调查，如各类管网、道路、绿化以及违章建筑的情况都要做到心中有数，在下一步改造过程中需要融入方案予以解决。同时，根据社区情况进行分类，根据难易程度分为试点社区、容易改造的社区、改造困难的社区分批有序推进改造工作。其次，要根据调研情况进行停车方案的设计，并对其可行性进行分析，形成初步的方案与居民进行沟通，这需要与居民达成一个较为广泛的认识。居委会工作人员要以“畅通渠道、汇集民意、促进参与、民主决策”为原则，组织社区居民代表对改造方案提出意见建议，不断吸纳加以完善，使停车位改造工作能更好地体现群众的意志。最后，形成具体的实施方案，由政府部门进行施工改造。在改造过程中，需要多个政府职能部门共同努力，才能达到“停车有位，停车有序”的理想状态。在改造过程中，一般由市容园林委、市政、综合执法、宣传和街道等部门组成项目指挥部。其中，综合服务组负责项目资金计划、办公协调和现场服务；市政提升组负责市政设施维修；街道保障组负责项目社区清拆和首层规范推动等；执法保障组负责项目实施过程中的执法保障；环境提升组负责市容立面整修和园林绿化提升；宣传报道组负责项目施工建设期间宣传报道。

三是完善停车管理。对老旧社区的停车位进行改造后，需要在政府、物业、居民之间构建一种齐抓共管的管理体制机制。通过健全管理制度、优化停车路线、进行分类管理等举措，有效规范社区停车秩序。要从制度入手，制定车辆停放、出入、行驶等合理规范的管理制度，引导车辆有序停放、合理行车，实现用制度和规定管人、管事、管车。在车位设置方式上，宜采取固定车位与流动车位相结合的模式，利用价格杠杆作用引导社区车辆停放。同时，设立爱心卡，方便子女探望老人。在车辆出入上，则要坚持社区车辆打卡进入、非本社区车辆登记进入、计费停车，其余车辆不予放行的制度。但在应对突发事件时，对于急救车、抢险车等特种车辆积极配合放行，居民家中有特殊事件，在告知登记后，也可以对相关车辆发放临时出入卡予以放行。

4. 政府在解决物业收费难问题上起到的作用

物业管理费的收缴与使用，往往是物业企业与居民之间矛盾的焦点，问题背后存在着复杂的影响因素，通过单一的规章制度已经不能从根本上解决矛盾，必须以政府、企业、居民等多种力量介入，取得各方面的共识，协同推进物业管理工作，形成共同治理的新格局，才能顺利推进准物业社区健康有序发展。在化解矛盾纠纷、协调各方面利益关系的过程中，往往不能简单判断一方的对与错，而是需要在尊重不同利益群体诉求的基础上进行权衡，从多角度思考问题，既要强化政府对物业服务管理的宣传，也要重视物业企业及居民自身的作用。

一是优化社区物业管理。由于老旧社区在改造前通常是处于无物业管理状态，在改造后聘请物业公司进行管理，这就需要加强社区居委会、物业公司、居民之间的沟通对接，共同协商在停车方面出现的困难和问题。政府职能部门和街道要积极引导、严格监督、依法管理、协调联动，共同提高物业管理服务水平。物业公司的服务水平和质量提高了，社区的居住环境好了，自然拒缴物业费的居民就会少很多。

二是加大宣传力度。由于物业管理是新生事物，广大居民普遍存在履行物业服务合同义务意识、花钱买服务意识不足。政府部门要采取多种形式广泛宣传，为物业管理提升发展树立正确的舆论导向，提高公众对物业管理的认识水平，增强居民的物权意识、义务意识和责任意识。同时，要求物业企业对服务合同、基本服务职责的范围、项目、内容进行公示，共同营造关心和支持物业管理工作的社会氛围。

三是加强监督考核。一方面是对物业企业的监督，规范物业公司的服务行为，由市、区、街道三级定期对物业公司服务情况进行检查。拿出部分补贴用作考核奖励，通过检查结果，对服务质量高、居民满意度高的社区物业进行奖励，促使物业公司不断提升自身服务质量。另一方面是对居民的监督，除了加强宣传外，还要向市相关部门呼吁，积极推动相关立法工作，促进公民形成依法履行服务协议的意识。同时，结合国家社会信用体系建设规划纲要，逐步建立诚信体系机制，对居民不缴物业费的情况进行记录，防止少部分居民扰乱物业管理秩序。

四是实施网格化管理模式。对改造后的社区进行网格化管理，设置网格单元、制作网格图、配备网格员，让更多的居民融入物业管理工作。充分发挥各级网格员在掌握户情动态、搭建沟通平台、及时化解矛盾、协调解决问题中的积极作用，满足社区居民个性化、多样化的服务需求，让社区管理、物业管理更加贴近百姓生活，逐步实现以网格化管理模式带动形成长效化管理机制。

五、课堂安排

（1）教师对本案例进行简要介绍，分析在停车位改造过程中及实施准物业管理中可能出现的问题。

（2）教师带领学生去天津市的部分未改造的老旧社区和经过停车位改

造的社区实地考察，更好地了解目前社区停车的现状。

（3）教师归纳总结，依托 X 社区改造的案例，并结合外省市的改造经验，提出减轻社区停车难状况、解决物业收费难的建议。

（4）针对教师的总结，启发学生深入思考，查阅文献，做进一步的调查研究和学术探讨。

“网上税务局”开发过程带给我们的思考

武彦民　王　琨*

国家税务总局在《“十二五”时期纳税服务工作发展规划》中，将“建立健全现代纳税服务体系”作为“十二五”期间推进纳税服务工作的总体要求和努力方向，税法更加透明，常态化的纳税人需求响应机制逐步形成，正当需求得到有效满足，办税负担明显减轻，合法权益得到充分保护，诚信意识普遍增强，纳税人税法遵从度不断提高。网上办税服务作为纳税服务体系的重要组成部分，主要目标是实现纳税人足不出户就可以办理主要涉税事宜。

根据国家税务总局《“十二五”时期纳税服务工作发展规划》和税务系统2014年绩效考核计划，在天津地税局2014年第一次信息化领导小组会上，决定对现有地税系统网上办税系统进行全面升级改造，2014年底前建设完成新一代的“天津地税网上税务局”系统。一套崭新的地税局网上办税系统正在酝酿，纳税人似乎马上就可以享受到全新的网络化纳税服务了。但实际情况却充满了未知和挑战。是什么让我们的税收信息化如此艰难？“网上税务局”建设过程中的问题又能给我们什么提示呢？下面让我们来看看“网上税务局”的前世今生。

一、“网上税务局”的前世

天津地税网上办税系统并不是一个新系统，已经默默地运行了近十

---

* 武彦民，天津财经大学财税与公共管理学院，教授。王琨，天津市滨海新区第五地方税务分局。

年。但自2005年上线以来，应用该系统的纳税人从最初的3万户（占正常申报单位的33%），发展到现在的15万户（占现有正常申报单位的81%），远远超过最初满5万户申报纳税的设计容量。同时，现有系统功能由当初仅提供申报纳税服务发展到包括申报纳税、建安项目预登记、网上发票开具、网上发票查询、年所得12万元以上个人所得税申报等8个模块、102个功能。在为纳税人提供便捷服务的同时，也给系统带来了巨大压力，距离国家税务总局的要求、纳税人的期望存在一定的差距。税收相关法律、征纳现状的不断翻新变化，纳税人数量的飞速增长，都使陈旧的网上办税系统再也不能适应税收事业的发展和纳税人的需求。

在党的群众路线教育实践活动中，我们广泛征询和梳理了社会各界及纳税人的意见。主要问题体现在系统运行速度慢、不稳定、部分功能使用不便利、升级过于频繁等方面。经地税第八次局长办公会研究决定，对现有网上办税系统进行整体改造，重新规划设计应用架构，完善网上纳税服务体系，丰富纳税服务内容和手段，进一步提升信息系统基础设施保障能力，提高系统响应速度、运行稳定性和可靠性，为纳税人提供更好的使用体验。

在2014年地税局第一次信息化领导小组会上，局领导对“网上税务局设计方案”提出五大目标：一是强服务，以纳税人为核心；二是全覆盖，实现网上预约服务、网上申报纳税、网上发票服务、网上涉税申请、网上咨询服务、网上变更管理，真正做到足不出户就能办理所有涉税业务；三是大提速；四是便利化，优化系统流程，简化操作步骤，统一设计操作界面；五是多渠道，充分利用网上银行、第三方支付等渠道，实现在线查询缴税、网上代收税款，开发移动缴税、移动查询等功能，为纳税人提供全天候、全方位服务。

二、一个美好的系统

按照地税局领导要求，天津市财政地税信息中心（以下简称“信息中心”）承办该项工作。2014年2月底，信息中心“网上税务局”项目组正式成立，负责项目的设计开发具体工作。考虑到该项目涉及面广、项目投入巨大，项目组不仅包含了信息中心原有的专业财税软件开发团队，一方面借助外力，从设计阶段就邀请部分参与过之前各地税系统及总局涉税系统开发的软件厂商参与到项目中；另一方面发掘自身，引入基层有信息化学习背景的一线干部，发挥他们与纳税人接触密切的优势，更多吸纳各方面的意见建议。

在组建强有力的项目组的同时，在项目建设方式上也引入创新：一是邀请负责总局金税系统安全评测的公司全程参与到项目中，保证了项目的设计、开发、部署全过程符合安全要求，降低开发风险；二是在项目招标上实行创新性的“一次招标，两阶段评标”的方式，要求应标公司分设计和实施两阶段参与评标。在保证最优秀的技术公司实施项目开发的同时，让公司以同样积极的态度为项目设计出谋划策。事实证明，这两项创新实际效果明显，是一次成功的尝试。

项目启动后，项目组进行了大量关于外省市网上办税系统和各类政府网站情况的调研。在网站设计和网站功能等各方面进行全面创新，经过一个月加班加点的努力，初步形成“网上税务局”设计框架。设想在以下几个方面提升纳税人的使用感受：一是全面推行涉税审批网上办理，减少纳税人来实体税务局的次数，降低办税成本；二是提供办税大厅情况查询，为纳税人提供包括地址信息、联系方式、窗口等待情况的全面信息，并提供地图导航等功能；三是通过系统架构的改造和先进技术的引入，加快网络响应速度；四是税收优惠申报制，在税款申报环节核验部分信息通过即可享受税收优惠；五是使用对象全面覆盖个体工商户和自然人纳税人等以前不能使用办税系统的用户；六是引入银联、支付宝等多样化缴税方式。

看着崭新的“网上税务局”设计，项目组成员也自信满满，对实施效果充满了憧憬。如果这些能够实现，会对整个财税体制带来颠覆性的改革。这个设计让人们对未来的地税系统充满希望。

三、纳税人的希望

2014 年 4 月 11 日，项目组以天津市地税局名义组织部分大中型企业代表进行座谈，对“网上税务局”项目设计征求纳税人意见。座谈会之前，项目组通过企业主管地税分局将“网上税务局”设计框架模型交给与会各公司。参会各公司包括中石化天津分公司、中国银行天津分行、麦当劳、三星电机等近二十家在津知名企业代表。会议上各公司对地税局一直以来在信息化方面的建设给予了肯定，并对新版“网上税务局”的创新和改进表示支持。但座谈中也暴露出一些问题。

首要问题是代表选取结构失衡。参加座谈会的多为大型国企，也就是所谓的“中字头”企业的在津分公司，或是像麦当劳、肯德基这样的大型跨国企业，这是会前没想到的。这些公司规模较大，拥有大量专业的会计人员，专门负责涉税事项的办理和税收筹划等工作。他们完全忽视办理涉税业务对财会人员的要求，对办税复杂度和办税成本也基本不太关心。而目前在数量上占绝大多数的小微型企业，财务人员欠缺或水平相对较低等问题在这种座谈会上根本未提及。当项目组将设计框架下发到基层分局征询意见时，分局考虑到联系的简便性和易操作性，将这些与自身联系密切且有充足人力可以参与相关约谈工作的公司邀请来，是可想而知的。尽管项目组也采用了网上发布调查问卷的形式，进行了更为广泛的意见征询，但实际参与情况不佳，小微型企业的诉求难以反映。

事实上，“中字头”企业和外资企业的意见也是不一样的，有的地方甚至存在矛盾。如在税款缴纳方面，“中字头”企业更多的是关注操作的稳定性，甚至有的代表直接提出希望税务局代为进行税款的扣划。而这种意见在对资金使用的时效性极为关注的外资企业是完全无法接受的。在对纳税风险的容忍度上外资企业也显得更为小心谨慎，一切事项都希望有凭证作为会计一层层向主管提交审核的依据。为数不多的几家企业代表提出的意见也多出于各自情况，很难在实际开发中单方面的采用。

还有一些不可解决的问题。座谈中对现有系统的问题普遍集中在企业按月正常申报的税款扣划问题上。企业需按月向税务机关申报各税种，并通过网上扣款系统将税款从企业特定缴税账户扣划上缴国库。这本是最日常的涉税业务，但却存在着明显的问题：税款扣划过程中系统有时会提示超时。当出现这种情况时，无论是企业还是税务局都不知道这笔税款是否扣划成功，需要等到转天待人民银行与国库进行对账后才能反馈出结果。面对超时，企业不得不进行选择：可以选择重新进行一次申报，但如果之前第一次申报已经成功，则意味着税款的重新缴纳，不得不事后再进行退税，退税一般需要一个月左右时间，势必造成流动资金的占用；而如果企业选择不申报，而偏巧这一天已经是征期的最后一天了，则很有可能因逾期未申报而受到处罚，不仅造成公司经济上的损失，也对企业诚信记录造成影响。问题提出来，却因为主要流程都是人民银行和国库之间的交互问题而根本无法解决。纳税人的主观感受是税务局的系统不稳定，却不知个中问题税务局也很头疼。

纳税人座谈的成果远不及想象。拿着“少量”纳税人提出的“特定”问题，项目组肯定不能按着这些纳税人的要求，不顾及其他纳税人是否适用就直接采纳。但同时，纳税人提出了相关意见，出于对纳税人的尊重和对纳税人意见的重视，更不能置之不理。座谈之后，项目组反倒更加没了方向。

四、领导的“新要求”

在和纳税人座谈后，“网上税务局”项目组也征询了各基层分局及各开发公司意见，在获得意见的基础上进行项目设计的充实和完善工作。在“网上税务局”项目的相关请示中，市局领导多次批示，提出项目组应多方听取纳税人和基层分局意见，共同建设国内领先、国际一流的网上办税系统。

2014 年 8 月 1 日，国家税务总局在湖北省地方税务局召开“国家下一代互联网信息安全专项——过渡期网站安全防护研发与应用试点工程”初步验收会，并宣布我国首个基于下一代互联网电子税务局在湖北省地方税务局已经成功上线。湖北省地方税务局成功部署了 IPv6 网站和税收信息系统，为国家下一代互联网推广部署和电子政务系统向下一代互联网过渡提供了示范。

同期，江苏、青岛、广州等多个省（区、市）的地税局网上办税系统更新上线。8 月中旬，在总局有关信息化工作的全国视频会中，湖北地税局局长介绍相关经验，对新上线的网上办税系统进行介绍，得到总局的肯定。

一时间，各地税务局均将网上办税系统作为自身信息化工作的重点，并取得了一定成效。原本信息化工作在全国居领先地位的天津地税，在网上办税系统方面却落了后，给项目进展带来了新的压力。相关领导对项目组进一步提出，在“网上税务局”项目中实现赶超，在原定 2015 年初项目全面上线的时间进度不变的基础上，要实现“其他省（区、市）有的功能要做得更好，其他省（区、市）没有的功能要尝试着上”的目标，做出自己的亮点，全面覆盖现有实体税务局办税业务，真正完成地税局领导定的“全覆盖”的项目目标。

面对各级领导的要求，项目组经多方调研后却再次陷入困境。在对其他省（区、市）地税局网上办税系统进行深入调研后发现，多数省（区、市）的办税系统功能并不像对外宣传的那么全面智能，功能上各省（区、市）基本一致，覆盖主要业务，区别不大。进一步调研发现，限制“网上税务局”进一步创新的并不是信息化技术问题，而是受税收法律法规或是实际操作规程限制，如多数涉税审批类业务多需要提交一些证明类材料。尽管影像技术已经较为成熟，而且根据《电子签名法》通过电子签名的影像材料具有等同法律效力，但实际操作中，对于多数纳税人，影像采集本身就是一件比较麻烦的事。且不说所需的影像上传设备，实际业务中随便一份合同可能就是几十页的东西，上传起来费时费力。审批结束后纳税人往往还需要取得一些证明类的凭证，这类证明如使用没有盖章的电子材料，在现有财会制度和企业管理现状下是无法使用的。而如企业注销、迁出类业务，在纳税人提交申请后，税务机关须实地核实企业账目和纳税情况。企业账目更不可能通过网上进行提交。事实是，如果无法避免纳税人办理过程中去实体税务机关，则通过“网上税务局”进行相关业务的办理反而增加了纳税人的操作。

尽管新的“网上税务局”不论是领导初期设想还是基层干部、纳税人的需求，都希望实现包括个体工商户、自然人纳税人在内的所有纳税人均可以使用。但作为涉及广大群众经济利益的系统，对于安全性的要求较高，按照相关规定是需要使用类似银行U盾那样的密钥来进行加密使用的。市地税局已决定，作为一项惠民措施密钥的费用以后将由财政负担。那么，为了使数量巨大的个体工商户和自然人纳税人频率并不高地使用“网上税务局”而大范围使用密钥，成本就很高了。

项目组不得不承认：政府投入大量资金去从事某个项目的开发，在考虑实际使用效果的同时，项目带来的宣传作用或是所谓“政绩”上的要求也是不能不考虑的。故一个原本只是面对纳税人的“网上税务局”项目，在实际执行过程中，在面对这些要求时，有时不得不设一些投入很大但实际作用有限的功能；有时却不得不因为时间上的压力，将一些原本要求比较高的功能做得反而简单些。这是一种留下隐患的做法，但也是个无奈之举。其他省（区、市）的网上办税系统也同样做了类似的“取舍”。如湖北地税通过推行自己研发的密钥来解决自然人纳税人登录网上办税系统的问题，同样因为成本而只是内部试用，说不上实际上线；又如现在如火如荼地推行的电子发票，不少省市均称自己有了电子发票，但实际开了多少份却没人敢说。因为电子发票仅电子版存在防伪，打印出来就没了防伪效力。而如果只使用电子版发票作为记账凭证，在现有财会制度上却没有许可。

最终，项目组选择搁置问题，暂时不考虑实际使用中的可实现性，而是先考虑建一个业务全覆盖、纳税人全覆盖的系统，在具体推广使用时视情况进行选择取舍。

五、项目组的“帮手”们

当项目组的开发进度举步维艰时，新的问题又再次降临。

在设计之初，项目组就有一个想法，希望通过内部数据的利用尽量减少纳税人的各项填表操作。目前，一个企业需要面对国税、地税、财政等数个机关，各部门往往都需要企业提供指标数据。这些数据存在大量重复。如国税、地税都需要企业报送财务报表，财务报表格式完全一致，但需要企业会计通过不同系统填报，带来重复性操作；又如企业登记过程中，企业需要填报许多登记信息，这部分信息会在工商、国税、地税反复填报。要解决这些问题，需要各部门的数据交互。但在实际与各部门进行接触，提出相关需求时发现，这种数据交互存在极大困难。很少有部门愿意提供数据，或是即使提供也并不及时、准确。如国税的财务报表信息和可作为原国税项目①缴税依据的增值税、消费税申报情况，国税方面仅可提供一个月两次的数据同步，且都在地税征期结束后，不能作为地税申报的参考；交管局提供的车船信息，在车辆实际买卖后，至少要一个月以后才可能被反馈到地税系统，这样车船税的缴纳就大大延后；至于企业登记需要的工商信息的共享，还仅停留在滨海新区内可实现，全市推广存在困难。②

---

① 增值税或消费税的附税，计税依据为增值税或消费税税额。

② “三证合一”实现后，形式上实现信息的共享，但存在人工传递和信息不全的问题。

项目组也反映：数据作为各部门的核心资源，是不会全部共享的。出于数据的安全性和信息披露等问题，各部门在数据共享方面极为谨慎。而且，当数据出现错误或是彼此信息不匹配时，多部门间的数据核对难度更大。

同样带来问题的还有项目的实施公司。信息中心负责项目的管理、需求的提出以及系统维护工作。具体的项目开发、项目实施是通过公开招标，请一家有资质、有相关开发经验的公司进行。但“网上税务局”项目尽管表面看只是纳税人登录使用的一个网站，但实际上因在网站上的操作涉及全部办税业务，所以存在大量与现有地税局办税软件、办税系统的衔接、交互。而原有系统涉及多家开发公司。不论是工作量的评估、对项目的细化分析还是之后的具体实施，都存在大量的各公司间的协作。但实际上，原有系统的公司都希望由自己来承担“网上税务局”项目的开发，互相存在明显竞争。所以，合作过程遮遮掩掩，有的公司甚至直接拒绝。设计过程的不和谐已经显露，实际开发过程中的隐患可想而知。

不仅是税务系统，各机关目前在信息化方面投入都较大，各种系统在给老百姓带来便利的同时，背后都多多少少隐藏着类似的问题。由各机关自己开发系统，技术实力上达不到，且投入太大；而完全使用一家公司的产品，安全性和价格上都容易被“绑架”。通过政府采购公开招标的方式，选择不同的公司获取最优服务是必然的选择。但使用不同公司的产品，就会出现衔接、匹配的问题。

“网上税务局”项目对于天津地税，不论是规模还是覆盖影响都是最大的项目。这个庞大的项目在实际开发中遇到了之前根本没有想到的问题。面对问题，项目组不得不得出结论，原定的2014年底上线的计划是不可能实现的。而事实上，到2014年底，连开发公司的招标程序都没有启动。

六、后有“追兵”

项目进度迟迟停留在设计阶段，新的变化却让项目不得不高速开展起来。

中国（天津）自由贸易试验区，是中国政府设立在天津市滨海新区的区域性自由贸易园区，属中国自由贸易区范畴。于2014年12月28日经国务院正式批准设立试验区，总面积为119.9平方千米，主要涵盖3个功能区，即天津港片区、天津机场片区以及滨海新区中心商务片区。2015年4月21日正式挂牌成立。

自贸区的成立，对于天津是一个巨大的机遇。根据市政府对地税系统的要求，市地税局领导制定计划：天津自贸区在推行上海自贸区10项纳税服务措施的前提下，要结合实际情况持续推出若干项税收便利化措施，以更加开放的思维创新工作模式，打造"电子税务局"，为自贸区创建高标准的国际化营商环境而努力。结合上海已经实施的税收便利化措施，相关部门制定以下具体工作要求：在自贸区内建立一套完整的、便于纳税人使用的"自贸区自主办税平台"。任务再次交到了信息中心，考虑到以上功能均为"网上税务局"预期实现功能，"自贸区自主办税平台"作为"网上税务局"的简化版先行先试，任务再次交给了"网上税务局"项目组。考虑到起初获得的消息是天津自贸试验区于3月底挂牌，在原有系统并未开始开发的条件下，提出了3月底前必须完成的要求。

不少项目组的成员认为：如果之前"网上税务局"的项目考虑的是如何做好一个让纳税人满意的、好用的办税系统，那到了"自贸区自主办税平台"能考虑的就只有在规定的时间里如何完成"规定动作"了。尽管"自贸区自主办税平台"是"网上税务局"的简化版，但受开发时间所限，基本不能在"网上税务局"中复用。

事实上，在不到一个月的时间里，完成一个系统的开发、测试、部署的整个流程是基本不可能的。项目组选择的是对现有系统的局部改造，使其基本实现要求功能。这个过程可以节省时间，但牺牲了系统的整体性能，同时大大降低了使用者的实际体验。在权衡中，不少新增功能只能停留于概念，真正的优势因系统改动有限而无法真正发挥。项目组最终加班加点，重点完成了电子发票、信用等级评价、外籍人员管理等功能的开发，并设计出新版的"自贸区自主办税平台"。该平台在2015年4月21日自贸区挂牌时同日上线。

2015年4月初，又有了新的通知。根据国家税务总局要求，"金税三期"将于2016年6月在天津上线运行，届时天津地税系统将按照金税三期要求进行更换。

金税工程是国家电子政务“十二金”工程之一，从1994年上半年到2001年上半年，先后经历了一期和二期建设阶段。2005年9月7日，国务院审议通过金税三期工程项目建议书；2007年4月9日，国家发展改革委批准金税三期工程可研报告；2008年9月24日，国家发展改革委正式批准初步设计方案和中央投资概算，标志着金税三期工程正式启动。金税三期工程在广东、山东、河南、山西、内蒙古、重庆6个省（区、市）级国地税局先行试点，然后将在全国推广。

金税三期的上线势必造成天津地税现有核心征管系统的更换和外围配套系统的相应改造。而预定比金税三期更早上线的“网上税务局”处于极为尴尬的位置。已经一再推迟进度的“网上税务局”考虑到国家税务总局各项绩效考核要求，已经不能再推迟到金税三期上线后再进行开发。但如果不考虑金税三期的影响，则“网上税务局”上线之时就是需要对整个系统进行全面改造之时。前期付出的人力、物力将大大浪费。

七、结束语

截至2015年5月本文撰搞时“网上税务局”项目其实还是停留在设计阶段，什么时候可以完成，什么时候能够真正给纳税人带来预期的电子服务，最终的“网上税务局”能在多大程度上实现服务的便利化，这些都还是未知数。

再对“网上税务局”一波三折的开发过程进行仔细观察，本着对纳税人负责、尽最大限度的为纳税人提供优质的涉税服务的目标，天津地税系统自上而下，有领导的重视、有各基层分局的配合、有信息中心项目组的攻坚克难大胆创新、有纳税人的积极参与，大家朝着一个正确方向，尽自己最大的努力去付出，但最终的结果也许不会那么令人满意。

上述内容可能更多地集中于这个过程中遇到的各种各样的问题。过度着眼于问题也许会让人过度悲观，但在使用纳税人的钱进行类似的公共事业时，多一些总结是必须的。透过上述过程，造成“网上税务局”项目开发举步维艰的因素，至少可以总结出以下六点：（1）现有税收制度与飞速发展的信息化技术不匹配，很多在电子商务上大量使用、技术十分成熟的东西，受制于现有规定无法使用；（2）部门间协作机制不完善；（3）执法与服务间的关系不明确，"网上税务局"的建设中始终强化为纳税人服务，有时因为与执法的刚性矛盾而无法真正实现；（4）政策变动的影响；（5）宣传作用、"政绩"效应与核心为纳税人服务的目标的矛盾；（6）实际执行与设计目标的偏离。

这些问题有的来自系统内——各部门间的合作，有的来自系统外——纳税人的要求；有的是财税体制问题，有的是政府管理问题。在行政工作中，在为群众做一些事情时，这些问题总会出现。怎样在现有条件下，克服困难，最大限度地做好工作，实现政府投入的最大产出效益，则是需要我们深刻思考的问题。

思考题

1. "网上税务局"项目建设过程中出现了各种未预期到的问题，对于如此庞大的项目，在进行前应做哪些准备？

2. 在纳税人对涉税服务的要求越来越高、越来越多样化的情况下，我国在税收改革方面应做哪些努力？

3. "网上税务局"项目中暴露出的部门合作不畅、需求获取不全等问题会对实际工作带来较大影响，在项目开发中应如何进行协调？

4. 我国处于飞速发展阶段，政策性变更、区域性建设变化较多，各种变化在给国民经济带来推动的同时，也使像"网上税务局"这种开发周期较长的项目不得不"朝令夕改"，面对这种困境，在制定政策和项目开发两个方面应做哪些工作？

案例教学指导

“网上税务局”开发过程带给我们的思考

一、课前准备

（1）了解我国财税系统在信息化方面所做的努力，尤其是各省（区、市）税务局在网上办税系统方面取得了哪些成绩。

（2）了解企业纳税人日常经营在税务方面应有哪些操作。

（3）了解信息系统开发流程。

二、适用对象

（1）院校研究财政税收中税收管理方面的学生。

（2）政府有关税收信息化管理的部门。

（3）从事税收系统开发的机构。

三、教学目标

本案例描述了天津市地方税务局“网上税务局”项目的开发建设过程。站在“网上税务局”项目组的角度看，项目从设计之初的踌躇满志，到实际开发建设，各种问题接踵而至。项目组明明充满决心要建设优质的“网上税务局”，结果却似乎总与纳税人需求和上级要求相去甚远。通过对“网上税务局”项目开发过程中所遇到问题的描述与分析，挖掘在类似政府项目建设中有哪些因素对项目的顺利进行造成阻碍，进而引发学生思考在项目开发中应有哪些需要注意和改进的问题。

四、要点分析

1. 造成“网上税务局”项目举步维艰的因素有哪些

天津地税“网上税务局”项目自2014年3月启动，开发过程截至本文撰写（2015年5月）时已经超过一年时间。原本计划2014年底开发完成，却迟迟没能真正启动项目开发。造成这一结果的原因是众多的。

（1）对项目的难度没有一个正确的认识。考虑到“网上税务局”项目规模较大，所以项目建设前未能全面认识项目开发过程中会遇到的问题，出现时间进度的偏离其实是情有可原的。但像实际情况这样计划完全不能适用的，对项目进度安排的影响就十分大了。

（2）需求分析困难。对于一个服务于纳税人的系统，需求方一面是纳税人，另一面是地税局。尽管我们始终强调税务机关应做好服务，但在现有的税收体制下，免不了是执法与被执法的关系。服务的灵活性和执法的刚性是存在矛盾的。“网上税务局”项目的设计起点是做好服务，但实际操作起来时就必须依法办税，无数体现便利化的设想就不能被采纳了。所以，不论是纳税人调研，还是基层意见征询，各方面的意见获取上来，受制于税收法规而无法大胆开展。

（3）部门间缺乏协作，甚至互相掣肘。在“网上税务局”项目中这一点尤为明显，具体体现在部门间的数据难以共享和各开发公司间的恶性竞争。前者造成本来可以做的减轻纳税人负担的功能做不了；后者造成项目开发成本大幅提高。

（4）项目建设的目的导向。一个项目的建设要明确目的是什么，“网上税务局”建设的目标应该是更好地服务纳税人，但现实中似乎掺进了一些别的东西。有时是为了要业绩；有时是为了应对考核；有时是为了配合一些政策执行。这些因素也造成了项目的建设不是按照工作量来分配时间，而是按照这些因素的轻重缓急来分配时间。同时，也造成了一些不能用、不好用的功能和一些没用的功能出现。

（5）政策变动影响。我国处于改革开放的新阶段，各项改革政策层出不穷。同时，进入21世纪信息化技术飞速发展，新技术大量走进人们的生活。税收方面表现为征管的对象在飞快地改变，征管的手段在飞快地改变，唯有征管的依据没有变化。税收执法必须依法执行，没有相应的法律授权，寸步难行。

以上五点在“网上税务局”项目上都多多少少有所体现，出现进度落后、开发困难，就可想而知了。

2. 对项目的难度没有正确的认识

“网上税务局”项目来自国家税务总局在《“十二五”时期纳税服务工

作发展规划》中提出的“建立健全现代纳税服务体系”的要求。通过对纳税人需求的调研得出了许多原有网上办税系统需要改进的地方，组成了“网上税务局”项目的设计框架。但实际上，功能的基本框架中哪些功能需要有，哪些功能必须做到什么程度，都来自总局下发的详细的绩效考核要求。

绩效考核管理这一原本在企业较多使用的管理方法，近年来在政府部门也广泛使用。通过各种标准化的要求，来对政府部门各类政府行为进行考核。这对提高政府效率、保证执行力都有很大的推动作用。作为考核地方政府、机关部门的统一标准，在实际执行过程中极大地左右政府行为。各级部门在进行各项工作的时候，必须考虑是否符合绩效考核的要求，是否达到绩效考核的标准。

在“网上税务局”项目中，考虑到绩效考核的要求，在项目中必须做到某些功能模块，而且有明确的时间节点，必须在某个时间内完成。这些举措自然有力地保证了项目的开发有一个全国性的框架要求。可以以一个基本统一的架构，在规定的时间统一地展现在全国纳税人面前。但这给项目开发也带来了困难，例如，与金税三期上线方面的矛盾、开发时间安排和绩效考核要求的矛盾都会产生，给项目开发带来许多额外的困难。

另外，项目开发的整体时间计划往往来自项目的使用方，而非开发方。“网上税务局”就是由负责征管业务的处室以及代广大纳税人提出需求的基层分局提出。但使用方对实际开发过程是不了解的，提出的功能需求有的过急，有的很难实现或实现成本过高。

考虑员工的学习背景、工作经历等多方面因素，多数政府机关的业务部门对信息化相关知识知之甚少。随着信息化技术越来越多地引入政府工作中，造成了信息化技术的进步与实际使用中的脱节。一是制定需求缺乏专业的信息化考虑；二是信息化部门提供的各种工具不能充分发挥作用。

3. 需求分析困难

这里所说的需求分析方面的困难主要体现在提出需求的纳税人和税务机关两方面间的矛盾。在建设服务型政府方面，对各机关的要求越来越高也越来越具体。但作为拥有执法权的地税执法部门，广大基层干部在实际业务操作中是存在疑惑的。税收执法冰冷的一面是无法回避的，这在“网上税务局”项目上也十分明显。一方面，希望通过引入信息技术减轻纳税人的负担；另一方面，没有纳税人的实际操作过程缺乏法律授权，很多时候就将风险留给了税务机关或基层税务干部。如电子发票迟迟不能真正使用。不需要到税务局去领购发票，不用购置各种发票打印设备，这些诉求纳税人早就提出了。但税务机关则不得不面对使用电子发票后如何进行防伪，没有制式和税务局印章的发票如何被广大纳税人认可等诸多问题。尽管政府引入大量简政放权的行动，而如何在减少纳税人报送材料负担的同时，做好纳税人税收风险的管控同样是一个问题。引入“网上税务局”后，纳税人不用带着各种各样的文件、各种各样的印鉴来税务局办事了，但没有这些，在司法层面如何保证获取纳税人授权的合法性也同样是个问题。

所以，项目开发起来，步子迈大了是执法风险，步子迈小了无法真正做好服务。这样，需求制定就困难了。

4. 政策变动影响

政策变动较多较快，是发展中的中国所必须面对的。这些政策的变动很多时候就给进行中的项目建设带来了影响。有时是左右项目的进度；有时是改变项目的原有需求；甚至有时造成一个进行中的项目不得不中断、放弃。

在“网上税务局”项目中，先是自贸区的成立，再是金税三期上线。前者造成项目进度上的改变，这类突发性的地区类政策变动造成很多原有建设都与新政策无法匹配。政府部门有时需要开发新项目；有时则是不作为，忽视这种不匹配。在案例中的“自贸区自主办税平台”尽管很多东西沿用了“网上税务局”的一些前期设计经验，但从根本上说是建设了一套新的平台系统。受突发性政策影响，往往给新平台的开发时间很有限。就出现了案例中在短时间里匆忙进行“自贸区自主办税平台”开发的结果。一个政策出来了，却因为这些因时间所限而开发得并不完善的系统造成政策的贯彻没有真正达到预期结果，往往也给政策的效果打了折扣。

金税三期的上线其实并不应该是突发性的政策变动。金税三期产生时间已久，而且一直是有步骤地在全国推广。只是这个步骤往往无法传达到基层实际工作者。对于基层工作者来说，政策来了就也成了突发事件。而且，“网上税务局”项目中出现的不得不先开发一套系统，等金税三期上线后再进行大规模修改的重复性项目开发是可以避免的。完全可以将对“网上税务局”的绩效考核放到金税三期上线以后再进行。这暴露的其实是，从国家税务总局层面，负责两项工作的部门就存在着信息不对称的情况，不能根据彼此的工作进度进行有效的调整。当政策传达到基层，因为负责机构相对国家税务总局比较简单，问题就明显的暴露在实际工作人员面前。

若是在进行该项工作之前，加强部门间的沟通，或是征询一下基层的意见，也不至于如此。相对不得不颁布的一些突发性新政策，这种互相调和、调整应该更容易实现。

5. 改进方面

在类似“网上税务局”这样的项目的开发过程中，作为项目的开发部门，没有权利去影响国家的政策制定。新政策的出台给项目开发造成的困惑一般只是一个较小的衍生结果。政府制定政策的过程中对系统开发建设是否有影响考虑相对较少。作为项目开发部门，应在以下三点发挥自己的作用。

首先，全面评估项目情况。设定项目开发范围，如功能、适用对象等，不能因个人喜好、想法而随意变动。明确项目的目标，设定工作范围，才不至于走弯路、走回头路。

其次，做好征纳间的调和作用。设计税务系统中必须严格按照税法和相关法律法规执行，这是避免出现税收风险的前提。在明确此点的基础上，通过学习其他服务类网站的设计理念和各类信息化技术，使纳税人履行法律义务的过程更为顺畅、便捷，不使我们的系统成为纳税人履行纳税义务的壁垒。如在“网上税务局”项目中引入支付宝、银联等多样化的纳税手段，使纳税更为简便。

最后，吸引多方面的力量为我所用。引入市场力量为政府实业贡献力量。政府部门本身人员、技术能力有限，若想使项目建设更为完善，就需要引入市场的力量，通过购买服务、政府采购等方式吸引专业化的公司为项目贡献力量。但前提是，要有健全的办事流程和方法，利用市场规则，而不为市场规则所困。

五、课堂安排

（1）教师利用多媒体，以PPT图片展示为主要形式，向大家介绍“网上税务局”项目背景及开发过程中遇到的问题。教师可以向学员展示目前各省（区、市）税收网站的情况。

（2）对学员进行分组，请学员们分组进行讨论，对“网上税务局”项目开发过程中遇到的各类问题进行分类和总结。

（3）按照教学要点对学员总结出的项目开发过程中的问题进行分析。

（4）引导学员围绕面临的困难展开讨论，提出解决措施。

六、其他教学支持

电脑、音响等多媒体设备。

从某大型超市迁址看增值税征纳博弈

黄凤羽　马　麟*

近年来，大型连锁超市在国内一、二线城市的发展趋于饱和，与此同时，三、四线城市以其交通便利、租金及人工成本较低、人均消费水平提升等优势成为大型连锁超市竞相争夺的新市场。随着三、四线城市大型超市店铺数量的增加和销售额的不断增长，其税收贡献率理应呈现上升趋势，但事实上，大型超市在三、四线城市的实际税负水平往往与销售情况不符。究其原因，大型超市经营的商品种类繁多，而且经营方式也不断推陈出新，其中一些经营者受利益驱使，利用大型超市经营方式的多元化与复杂化，采取各种方式隐瞒销售收入、虚抵进项税额，以达到逃避缴纳增值税税款的目的。不断出现的新情况和日趋复杂的交易流程给税务机关的监管带来前所未有的挑战，面对大型超市的新变化，税务机关深入研究，不断调整税收征管方式，加强涉税检查监督。在实际的征管工作和涉税检查过程中，税务机关特别关注大型超市营业地址的变迁、税务登记的变更、重要供应商的更换等活动，因为这些活动背后很可能隐藏着不法纳税人的税收规避行为。对于税务机关的稽查行动，一些大型超市准备了各种应对措施，企图掩盖非法涉税行为，逃避税务机关的相应处罚。面对此种情形，税务机关必须全面深入调查涉税事项，揭示事实真相，按照实质重于形式的原则，抓住交易中的本质问题，从而正确运用相关税收政策法律予以解决，在打击税收违法行为的同时，更好地维护征纳关系健康发展。

---

* 黄凤羽，天津市经济发展研究院院长，教授，天津财经大学财政学博士生导师。马麟，内蒙古自治区锡林郭勒盟阿巴嘎旗国家税务局。

一、缘起

1. 超市规模变更

A是一家大型连锁超市，B是其在某市的一家门店。2013年，B门店向其所属工商部门申请变更营业地址，新的营业地址周围交通便利，人流量大，营业面积从原来的300平方米变更为1000平方米。之后，B门店又相继办理了组织机构代码证和税务登记的变更，自此，正式完成了其营业地址变更的所有手续。

2. 超市税务申报

对于所属辖区内的主要税源企业，各地税务机关都会依照相关税收政策法规进行重点税源监控，并定期组织税务审计抽查。B门店对营业地址的变更，引起了辖区内税务机关的注意。经过初步调查，B门店经营地址的变更、营业面积的增大，伴随着商品种类和库存的增加、员工的扩招和营业方式的更新等诸多改变，实际上是经营规模的扩大化。企业经营规模的改变势必带来应收税款的变化，基于以上调查结果，税务机关对B门店变更营业地址后一段时间内的增值税纳税申报情况进行重点关注。根据B门店的纳税申报，结合税务机关对B门店一段时间内实际经营情况的了解，发现B门店的纳税申报存在疑问。B门店迁址后，经营规模扩大三倍以上，营业状况良好，虽然进销项税额都有所增加，但规模扩张效应带来的销项税额增长幅度应远大于进项税额，然而纳税申报情况却与税务机关的合理推断相去甚远。由此，税务机关初步认定B门店的纳税申报情况异常，存在避税的可能性较大。基于以上认定结果，税务机关稽查部门立即成立包括业务骨干在内的专案小组，对B门店可能涉及的避税行为进行专门调查。

二、跟踪

1. B门店搬迁回顾

B门店原址使用面积300平方米，年租金50万元。由于该房产建造年份已久，常因为天气原因出现漏雨、断电等现象，给超市的正常经营带来诸多不便。正逢当地政府拟对该房产进行重新翻修，B门店随即与政府相关部门积极协商，随即迁至新址。新址为原农村集体土地进行新农村建设而由集体资产和村民集资共同建造，使用面积1000平方米，年租金180万元。B门店新地址周围交通方便，并提供地面及地下停车场供顾客使用。迁址后B门店的营业状况良好。

2. B门店增值税申报是否合理

B门店在税务机关的登记身份为一般纳税人，需按规定每月进行增值税的纳税申报，将自身销售货物所开具的增值税发票交由税务机关查验并据此申报纳税，并定期将购进货物所取得的增值税专用发票交由税务机关认证后抵扣销项税额。税务机关经过一年的监控，发现B门店纳税申报中销项税额的增长幅度十分有限，相反，进项税额抵扣的幅度却大幅提高，这与B门店迁址之前的纳税申报情况形成鲜明对比，也不符合其良好的营业现状。

3. 税务机关第一次约谈B门店

税务机关根据对B门店纳税申报情况监控结果的初步分析，认为B门店存在涉税问题的可能性较大，于是根据相关规定约谈B门店，要求其对自身的增值税纳税申报和进项抵扣的异常情况进行解释说明。

B门店接受了税务机关专项调查组的约谈，其释疑包括三个方面。第一，由于进货的价格上涨，而超市需要维持相对平稳的价格吸引顾客，并且B门店刚迁址不久，为吸引稳定的客源，推出促销打折、会员卡优惠等活动，很多商品溢价幅度下降；第二，超市主要经营日用商品，这类商品本身价格弹性较小，溢价幅度小；第三，超市变更经营地址后，虽然营业状况良好，但是受到周围居民收入水平的限制，销售量的增长主要体现在粮食、食用植物油、蔬菜鲜活肉蛋产品等生活必需品上，而这些商品中很多都是享受国家税收减免优惠政策的。

B门店给出的理由对销项税额增速减缓有一定的解释作用，但却无法解释进销项差距异常缩小。面对大幅的进项抵扣税额，以及很多进项税额长期不能在销项得到反映等情况，B门店含糊其辞，并没有给出合理解释。

三、深入

面对此情况，税务机关经研究决定对B门店采取实地调查取证，由稽查局牵头成立专案组，通过实地调查B门店的经营状况、查阅相关的财务资料以及询问相关责任人员，进而掌握B门店涉税问题的具体情况。

1. 发现“店中店”涉税问题

在调查过程中，专案组调查人员发现，由于B门店迁址后营业面积是原址的三倍多，B门店不仅扩展了销售商品的品目和种类，还增加了新的经营模式：从超市入口到购物区的长廊两旁，分布着工艺品店、奶茶吧、糕点屋等店铺，二楼有两家规模不小的熟食店，还开辟了一片专门的区域供购物的顾客就餐。据B门店相关负责人介绍，这些店铺都是以缴纳租金的方式与B门店长期合作，其身份都是独立经营的商户，并不隶属于B门店。经查实，这些店铺确实存在独立的税务登记。虽然当时调查人员还未查到实质性的证据，但B门店迁址后经营模式的复杂化，还是引起了他们的注意。

对B门店实际营业状况的实地调查结束后，专案组按照相关规定开始查阅B门店的财务资料。经过对B门店财务资料的全面核实，并将相关业务往来凭证和各种与账目有关联的票据与账簿数据进行了认真细致的比对，调查人员发现，有一批出库单显示B门店在这一年内分批次发出了多种货物，这些货物主要是面粉、白糖、肉类、食用油等餐饮原材料和日常生活用品，但这些出库货物的去向和货款的回收情况并没有在B门店的其他财务资料上得到反映，经过对B门店一年内的增值税纳税申报情况进行核实，也未发现这些货物的申报记录。这一发现引起了调查人员的注意，调查人员推断这很可能是B门店有意隐瞒销售收入，销售收入的隐瞒必然伴随着增值税销项税额的非正常下降，属于税收规避行为。

2. B门店的应对

针对以上调查发现的问题，专案组要求B门店限期做出合理解释。经过半天时间的准备，B门店成立了负责小组对专案组发现的问题做出回应。B门店认为：此问题可能是由于更换新址后，经营规模扩大、经营方式更新，库存管理和货物供应等内外部环境都发生了较大变化，这给账务的整理和更新带来很多难以处理的棘手问题，导致账务处理出现失误，从而产生了上述问题。B门店正在组织相关的财务人员对账务和相关凭证、票据进行认真的检查和比对，三天之内一定查出问题原因，给税务机关一个满意的答复，如果确实存在漏计销售收入的情况，一定如实补交税款，并严肃整顿本门店的财务问题，健全财务制度，接受税务机关的进一步监督检查。但是，B门店自开业以来，一直合法经营，实际上并不存在故意少计销售收入，进而通过减少销项税额的方式违规减轻税负的情形。

3. 专案组查明真相

面对B门店的解释，专案组认为B门店可能是在争取时间，试图通过调整财务资料掩盖事实真相。鉴于此，专案组一方面稳住B门店；另一方面根据已经掌握的事实，加快调查分析的速度。通过反复研究，调查人员发现，没有销售记录的货物正是B门店出租店铺所需要的食材原料和营业必需品。这一发现使案件有了实质性进展。专案组立即对相关店铺进行调查，并对其相关负责人进行询问。开始相关店铺的负责人对专案组的调查有抵触情绪，经过调查人员的耐心开导，并对相关政策法规进行细致讲解，最终店铺的负责人交代了全部事实，主动拿出了与B门店的交易记录，经调查人员检查，B门店与相关店铺的交易记录都是非正规的手工凭证，凭证显示出B门店向相关店铺长期提供各种原材料和经营用品。根据店铺人员介绍，B门店的这部分销售收入都以直接并入租金的方式向各店铺收取现金。这说明B门店确实存在隐藏销售收入、实施非法避税的嫌疑。

4. 约谈及处理结果

根据专案组已掌握的事实，税务机关对B门店进行第二次正式约谈，B门店承认与门店内相关店铺有相关业务往来，但否认存在隐藏销售收入的主观故意，称由于店址新迁，再加之规模扩大、营业模式新增等变化，导致财务处理遇到诸多问题，相应的账务处理没有及时跟进到位，财务人员由于任务繁重，工作中存在简化操作等问题。税务机关从慎重处置的原则出发，对B门店发出了责令限期改正通知书，责令其限期整顿财务问题，尽快使财务处理与实际经营同步，整顿完毕后通知税务机关，随时准备接受审查。同时，对于已经查出的销项税额与进项税额抵扣不符的情况，及时补缴税款和滞纳金。B门店表示接受税务机关的处理结果，并尽快进行整改。

四、追问

B门店隐藏销售收入的问题得以解决，但进项抵扣异常增大的问题仍没有合理解释。专案组经过进一步深入调查发现，B门店存在一笔26.97万元的进项税额抵扣，这笔进项税额所反映的小型家电、日用品等货物并不存在于B门店的账目之中，各种单据中也毫无反映。那么，用来抵扣销项税额的进项增值税专用发票从何而来？这一点引起了专案组的高度注意。经过初步分析，专案组认为B门店可能存在接受虚开增值税专用发票并抵扣税款的行为。

1. 案件事实浮出水面

B门店抵扣的进项税额所反映的货物在其账务上并没有体现，这使专案组做出相应调整，由内部调查改为对B门店的外部活动进行实地查访，对购进货物和销售货物的情况进行了核查，并对有关当事人进行了询问调查，初步掌握了B门店涉嫌取得票货款不一致增值税专用发票抵扣税款的违法事实。通过调查取证，专案组认定B门店有以下违法事实：B门店与供应商C是长期合作关系，C供应商长期为B门店提供小型家电、日用品等货物。B门店迁址后，与C供应商签订了一份购销合同，合同约定B门店以预付款的方式向C供应商购进货物，C供应商根据B门店的要求发货，货物价值不超过预付款。接着，B门店又与小型超市、商店等23家零售商签订内容基本相同的合作协议，约定由23家零售商按提货比例共同垫付预付款，零售商按照需求比例从B门店提取相应数量的货物，后续的销售价格由零售商自行决定，在货物销售完毕后，零售商要支付给B门店按照货物市场平均售价核算出的利润的30%。之后，实际业务操作流程是：

23家零售商的法定代表人向C供应商交付预付款，由B门店分批提货并发往各零售商，C供应商向B门店开具增值税专用发票，货款由23家零售商法定代表人汇到C供应商财务负责人银行卡上，再由该财务负责人提现转存至C供应商账户。C供应商向B门店开具增值税专用发票23份，价税合计185.60万元，增值税税款26.97万元。B门店自身没有支付货款，对货物也没有掌控权，在交易中实质上是中间人，由于C供应商所属税务机关未能提供虚开证明，所以B门店取得的增值税专用发票不能认定为让他人为自己虚开增值税专用发票。专案组认为B门店的行为属于取得票货款不一致增值税专用发票抵扣进项税额，应依据国家税务总局相关文件规定补正税款。对B门店将不符合抵扣条件的发票列入进项税金，归为“在账簿上多列支出”，应根据《中华人民共和国税收征收管理法》（以下简称《税收征管法》）处罚。

2. 案件审理

由于此案涉嫌违反《税收征管法》相关规定，经过多方调查取证，B门店所属税务机关稽查局将此案提交至重大案件审理委员会。重大案件审理委员会首先对该案件进行了初步审查，初审意见认为：该案件事实清楚、证据确凿，但是对于B门店违法事实的定性以及所应适用的法律有不同意见，从对相关当事人的询问并结合合同协议判断，违反事实类似于委托第三方付款的购货行为，虽然B门店的账务处理没有反映委托付款的情况，但如果按照实质重于形式的角度来分析，B门店可能并没有违反发票货款一致规定。经过对初步审查的讨论研究后，税务机关重大案件审理委员会召开正式审理会议审理了此案，大多数委员同意专案组之前的分析判断，有少数委员持保留意见。最后做出了如下审理决定：B门店取得的23份增值税专用发票已抵扣进项税额26.97万元，属于非法抵扣行为，是取得不符合抵扣条件的增值税专用发票进行抵扣税款，应按照《国家税务总局关于加强增值税征收管理若干问题的通知》有关规定，补征增值税26.97万元；同时，按照《中华人民共和国税收征收管理法》的规定，对B门店应补交的税款从滞纳之日起至缴纳税款之日止按日加收万分之五的滞纳金；依据《中华人民共和国税收征收管理法》的规定，拟对B门店处以罚款。

五、博弈

1. B门店发起听证会

根据税务机关重大案件审理委员会的决定，税务机关制作了《税务处理决定书》和《税务行政处罚告知书》，由稽查局送达B门店。两天后，B门店通过其代理人向税务机关递交了《听证申请书》，经过对申请书的审查，税务机关认为此案件符合听证的条件，于是按照正常程序受理了B门店的听证申请。此案件的税务行政处罚听证会于一周后召开。听证会上，专案组的调查人员陈述了在案件调查过程中取得的当事人的违法事实、相关证据依据和拟处罚的意见。B门店的负责人和代理人对调查人员的调查指控从证据材料、适用法律方面进行申辩和质证。

B门店委托代理人主要陈述了以下内容：承认存在专案组调查人员调查认定的“票货款不一致”的事实，但是该事实并不违反法律，理由是C供应商、B门店以及23家零售商三方之间是合作的关系。B门店帮助23家零售商从C供应商处以相对较低的价格取得小型电器、日用品等货物，23家零售商以个人出资支付预付款给C供应商。23家零售商销售货物与B门店进行利润分成并以盈利的资金继续从C供应商处取得货物。三方的目的是建立一种长期的合作关系，只是合作刚刚开始，账务处理上还存在不规范，但主观上没有故意，不能以违法认定。

专案组检查人员的主要观点如下：尽管B门店和23家零售商与C供应商共同签订了购销合同，但从实际情况来看，C供应商是从23家零售商处取得货款，23家零售商对货物拥有控制权，B门店只是作为中间人进行介绍。所以，B门店从C供应商处取得增值税专用发票并进行抵扣的行为，导致票货款不一致。根据国税总局相关文件，应归于“在账簿上多列支出”，应根据征管法进行处罚。

听证会结束后，税务机关政策法规部门、稽查局和专案组人员又共同分析了案情，最终未对处罚决定做出改变。

2. B门店向上级税务机关提起行政复议

经过听证会的分析辩论，B门店并未使其观点得到税务机关的认可，

B门店不服税务机关的处罚决定，在法定期限内向上一级税务机关申请行政复议。上级税务机关在接到B门店提交的关于对其进行税务行政处罚的行政复议申请书后，立即由稽查局成立调查小组深入做出相关行政处罚的税务机关，对该案件的起因经过、相关证据、适用法律等情况进行审查。

调查小组分别听取了B门店对案件的看法、申辩的理由，以及做出行政处罚的下级税务机关对整个案件处理流程的陈述。在此基础上，对案件进行了全面深入的分析。调查小组认为，虽然拟进行税务行政处罚事实认定清楚、证据比较充分、依据基本合法，但如果做出行政处罚，却存在一定的风险。管辖税务机关对“票货款不一致”的认定是成立的，但由于国税总局相关文件只规定，“纳税人购进货物或应税劳务，支付运输费用，所支付款项的单位，必须与开具抵扣凭证的销货单位、提供劳务的单位一致，才能够申报抵扣进项税额，否则不予抵扣”，并未对“票货款不一致”做出明确细致的解释说明，所以，本案情形是否属于《税收征管法》相关规定“纳税人伪造、变造、隐匿、擅自销毁账簿、记账凭证，或者在账簿上多列支出或者不列、少列收入”也没有明确规定。若据此做出行政处罚，如果进入诉讼环节，败诉的风险会比较大。

六、落定

经过调查小组对本案件的详细调查研究，小组成员基本形成统一意见。调查小组将对此案件形成的调查报告反馈给上级税务机关稽查局。经上级税务机关稽查局对调查报告的分析研究，并询问调查小组相关成员，形成了最终的处理决定：根据《国家税务总局关于加强增值税征收管理若干问题的通知》，对B门店从C供应商处取得的23份增值税专用发票已申报抵扣的进项税额26.97万元，决定全额补正；依据《中华人民共和国税收征收管理法》对B门店应补税款从滞纳税款之日起至缴纳税款之日止按日加收万分之五的滞纳金；对B门店涉嫌违反行为暂不作税务行政处罚。同时，建议密切关注B门店的业务往来情况，保留下一步可能做出税务行政处罚的权利。至此，税务机关对B门店迁址后的专项调查暂时告一段落。

七、案例简要分析

本案例讲述了B门店迁址后税务机关通过关注其纳税申报情况发现异常问题，进而对B门店展开专项调查，最终通过征纳双方的博弈，税务机关做出了最终处理决定。对于“店中店”涉税问题，税务机关根据审慎原则做出相关处理决定，即追回税款，纳税人也表示接受。对于“票货款不一致”涉税问题，争议集中在B门店与23家零售商的实质法律关系是怎样的，以及税务机关据以认定的证据充分确凿，这将决定如何适用法律处理涉税问题。虽然从B门店与23家零售商签订的合同无法确定其实质法律关系，但税务机关应当继续跟踪其后续的销货行为，重点关注从C供应商处购进的货物以谁的名义销售、发票由谁开具、货款由谁收取。如果货物由23家零售商自行销售，并以其自身的名义收取价款并向购货方开具发票，那么就可以认为B门店是23家零售商的供货代理，其报酬就是销货利润分成。此时，C供货商应开具增值税发票给23家零售商，B门店只是中间人。根据B门店与23家零售商的实质法律关系，如果B门店接受了C供应商开具的增值税专用发票，对B门店而言就属于让他人为自己虚开增值税专用发票。如此，即使C供应商所属税务机关不能提供虚开证明，B门店所属税务机关亦可独自认定B门店具有虚开行为，从而按相关规定处理。但在实际情况中，纳税人往往特意在合同中隐藏实质交易行为，具体销货过程中又经常串通勾结，进行临时调整，给税务机关的调查取证带来巨大困难。

八、结论

1. 完善风险管理机制，加强对纳税人的培训辅导

税收风险管理中，税务机关要进一步强化涉税信息应用，着力打造信息采集准确、数据使用高效、操作流程规范的税务信息应用平台；继续扩展涉税信息来源渠道，细化风险模型的行业分类，建立动态的风险管理模式，逐步取消准确度不高的指标，强化高效指标的应用，并及时补充新型

风险指标；实时强化对纳税人的分类管理，按照纳税人所属的不同行业、经营规模的差异分配与之相应的管理机构和人员，建立起与税源专业化管理相匹配的岗位职责体系。深化与其他部门的信息共享，推动税务部门与金融、市场监管、国土等部门的信息互通，从而全面掌握纳税人的生产经营信息，防止纳税人的避税行为。

在纳税人的培训和辅导方面，税务机关要建立常态化的纳税人培训机制，定期举行纳税申报方面的常规培训，面对面解决纳税人的涉税疑问，节约征纳双方的时间成本，提高总体纳税申报质量；及时将最新的税收政策传递给纳税人，确保纳税人对政策的理解全面透彻，应用政策准确到位；强化纳税辅导制度的落实，扩大纳税辅导范围，将重点税源、发生非法避税、拒不接受检查、重新登记、申请变更信息和纳税评估中疑点较多等纳税人纳入辅导期管理，实行常规辅导与特殊辅导相结合的方式，使纳税人尽快走上正规、合法纳税的道路。

通过以上措施，税务机关可以充分拓展收集涉税信息的有效渠道，并确保所收集信息的真实可靠，通过对信息的分析比对，及时了解纳税人的实际经营情况，尽早发现某些纳税人的避税倾向，从而可以有的放矢地做好各项准备工作，提前对纳税人进行教育辅导，将纳税人的涉税风险杜绝在萌芽状态。通过与纳税人经常性的交流互动，耐心对其进行培训指导，增强纳税人的参与度与知情权，从而逐渐消除一些纳税人的抵触情绪，培养融洽的征纳关系，从本质上降低税收风险率。

2. 持续跟踪销售环节，确定实质法律关系

在现实的征管活动中，由于利益的驱使，部分不法纳税人铤而走险，利用税务机关的监管漏洞和税收立法的不完善，通过各种方式非法逃避缴纳税款。面对这种情况，税务机关征管部门与稽查局密切合作，严厉查处税收违法行为。但是，由于经济活动的复杂性，再加之不法纳税人之间经常相互勾结，互相为对方提供保护，共同应对税务检查。交易合同对重要交易事项常常约定模糊，甚至还存在隐藏在合同背后的私下交易。这种情况的普遍存在给税务检查带来诸多障碍，一些缺乏经验的税务机关由此陷入困境，一时无法找到突破口，最终使不少不法纳税人成功逃避税款，或即使追回税款，却因证据不足无法对不法纳税人进行处罚。

对于目前税收发展的现状而言，征纳双方避税与反避税的博弈是长期存在的。就本案例而言，针对增值税，税务机关在税务检查过程中应重点关注货物的销售环节，不能剥离货物的流转环节而进行片面分析，要持续跟踪货物的发票链和物流链，准确掌握货物再销售环节与发票开具的对应情况，拨开不法纳税人为税务检查人员设置的层层迷雾，按照实质重于形式的原则，确定纳税人之间的实际法律关系。只要纳税人之间的交易关系得以确定，税务机关就可以根据明确的税收法律规定确定其相应的责任，从而在保护合法经营纳税人的同时，依法惩治逃避税款的不法纳税人。

3. 加强税收法制化建设势在必行

改革开放以来，我国的税收法制化进程不断加快，已经取得了初步成效。但是，面对市场化进程的快速发展，以及不断涌现的新经济和法律关系，税收法制化建设现已趋于滞后状态。税收立法对于新的涉税关系和问题，要么无法可依，要么对具体问题的解释说明处于模糊状态，而更多的是依靠国家税务总局临时出台规范性文件加以解决。如此一来，导致规范性文件层出不穷，随意性加大，甚至出现对涉税问题的解释前后矛盾的情况。一些受利益诱导的纳税人利用税收法制化建设滞后的漏洞，精心设置各种避税方式，成功逃避巨额税款的缴纳，给国家的税收收入带来不可弥补的损失，而税务机关在查出非法避税的案件时常常无法找到强有力的法律依据，规范性文件的法律位阶较低，在行政诉讼中只能作为参考，不能当作直接依据，这直接导致了税务机关败诉率的上升，存在较大的执法风险，这一点从本案的最终处理决定可见一斑。因此，为了更好地规范征纳双方的涉税行为，切实保障国家税收收入，税收法制化建设必须加快进行。

进一步完善税收法律体系，加快税收基本法的出台，明确区分各种税收法律门类，打破税法形式繁杂的壁垒；进一步规范税收规范性文件的出台，增强制定税收规范性文件的严肃性和准确性，对于新出现的涉税问题要研究透彻后再组织出台相关文件，尽量避免补充规定的出台和对原文件的内容修订；对于经济社会发展所产生的全新涉税问题，立法部门要认真研究分析，力求对各种情形全面掌握，待时机成熟及时入法，确保新问题的法律依据稳定化。

尽早实现税收法制化建设与经济社会发展的同步，对于纳税人，能够更好地依法纳税，用法律维护自身的税收权利；对于税务机关，在处理涉税问题时能够找到准确、可靠的法律依据，切实降低执法风险，最终更好地维护国家的税收权威与利益。

九、结束语

随着市场经济的快速发展，新的商业形式层出不穷，交易的实质性会以更加模糊的方式展现出来，这将对税务机关的征管方式和稽查能力带来更加严峻的挑战，税收征纳双方的博弈将变换不同的方式，在不同的时间、地点持续升温发酵。

思 考 题

1. 观察大型超市的经营方式，从超市避税会使用的手段来分析哪些操作可能涉及避税行为？

2. 税务机关在与纳税人进行博弈时，如何高效地确定涉税交易实质流程？

3. 通过对本案例的研读，分析税务机关在进行涉税问题的调查和处理过程中如何做到合理适度，从而有效避免执法风险？

案例教学指导

从某大型超市迁址看增值税征纳博弈

一、课前准备

此案例按3个学时进行课堂教学设计，每节课为45分钟，课间休息两次，每次10分钟，共155分钟。

（1）按照授课人数将学生分成不同小组，人数较多应7～10人为一组，人数较少应3～5人为一组，每个小组推选一名组长负责小组活动的组织。

（2）课前将案例分发给各个小组，小组成员首先独自对案例进行阅读分析，熟悉案例内容，揭示案例所反映的问题并形成自己的观点。

（3）每个小组的组长负责组织小组讨论，通过小组讨论形成统一的观点。将小组观点分条逐项写在事先准备好的一开白纸上。

二、适用对象

本案例是为那些选择财税研究方向的公共管理专业硕士、税务专业硕士、会计专业硕士、学术研究生和从事财税方面工作的人员设计的，同时也适合公共管理专业其他研究方向的学生学习使用。对于税务机关新进公务员的出任培训，本案例也不失为一种良好的选择。本案例还可能适用于那些具备一些公共管理基本知识并且对财税学科有兴趣的非专业人士、学生和实际操作人员学习研究使用，他们的工作或学习或多或少会接触到财税方面的知识。另外，税务机关的相关培训人员可以尝试将此案例运用到对纳税人的培训当中，如果使用恰当，可以很好地拉近税务机关与纳税人的距离，使征纳双方真正站在同一利益高度，共同探索互利双赢的税收发展道路。

三、教学目标

本案例主要有三个教学目标。

第一个目标是引导学生讨论税务机关可以通过哪些方式发现销售企业的增值税涉税问题，以及如何完善涉税监控机制。

增值税是销售企业在生产经营过程中需要缴纳的主要税种，由于受利益的驱使，很多销售企业会采取多种方式进行增值税的税收规避，本案例中就涉及了两种比较典型的增值税规避方式。面对多种多样并且仍在不断出新的增值税规避行为，税务机关经过持续的研究分析，并结合长期的税收执法检查经验，形成了一套比较稳定的监控增值税涉税问题的办法。首先，税务机关建立了纳税人财务资料定期检查机制，通过税务机关的财务专业人员对纳税人财务资料的深入分析比对，并询问相关当事人，可以发现部分隐藏其中的涉税问题。其次，税务机关会定期分析纳税人的增值税纳税申报数据，通常比较纳税人某期与上期或同行业的税负率，如果纳税人的增值税税负率异常，则可能存在涉税问题，进而触发进一步的税收检查。最后，对于重点税源、纳税评估中疑点较多、发生重大事项变更等纳税人，税务机关会根据具体情况进行非常规的突击检查，除了财务资料的审查，还会运用明察暗访的方式调查纳税人的实际经营活动，包括供应商状况、货物流向等，面对突击检查，不法纳税人往往缺乏准备，从而暴露涉税问题。

在完善涉税监控机制方面，随着社会信息化程度的不断提高以及信息技术的快速发展，运用大数据、云计算等尖端信息处理技术打造信息采集分析精确、数据使用高效的涉税信息监控平台已成为重要的发展方向。同时，建立税务、工商、国土、金融等相关部门的信息联合共享系统也已成为现实的需要。

第二个目标是引导学生探讨征纳双方关于涉税问题的博弈过程。征纳双方分别会采取哪些措施和手段来达到预期目标？博弈会经历哪些不同的阶段？税务机关如何在博弈过程中确定涉税问题的本质进而依法做出合理的税务处理决定？

当涉税问题在纳税人和税务机关之间公开确立之后，征纳双方的博弈也即正式开始。面对税务机关的调查，纳税人企业可能会采取以下措施：成立专门的应对小组，召开紧急会议向员工通知注意事项，防止泄露与涉税问题有关的企业情况；及时召集财务人员调整企业财务资料，隐藏涉税问题的财务表现；尽快与涉税问题相关的供应商、物流企业和销货对象取得联系，争取达成一致意见，共同应对税务检查；委派专业的公关人员向税务机关解释问题，尽量将问题归咎于不可抗力、非主观的失误等方面，以期避重就轻、隐藏实质问题；精心寻找税收政策法规中对涉税问题表述不够细致清晰的地方，从而加以利用，尽量减轻企业损失。对于纳税人企业所采取的措施，税务机关会根据多次税务检查的经验有针对性地采取应对措施，如对纳税人企业的人员采取分别约谈的方式，通过对问题答案的分析对比发现未知的涉税情况；检查财务资料和约谈财务人员同时进行，争取发现约谈内容与财务状况不一致的情形；成立暗访小组对纳税人企业的外部经营环境进行查访，争取发现涉税问题的相关情况。

征纳双方所采取的各种措施都包含在不同博弈阶段中，一般包括税务机关的检查准备活动、税务机关的约谈、纳税人的准备和解释、税务机关的进一步调查及处理决定、纳税人提出听证申请及听证会的召开、纳税人申请税务行政复议直至纳税人提起行政诉讼。

在征纳双方的博弈中，关键是涉税问题的本质，这往往是纳税人试图规避同时又是税务机关希望查清并据此做出税务处理决定的真相。对于增值税来说，是对货物的流程环节征税，所以涉税问题的本质往往存在于货物流转的过程中，税务机关必须全面把握货物的全部流转过程，准确定位货物的来源和去向，持续跟踪货物的再销售环节，关注每一环节的发票开具情况，通过货物与发票的分析对比，最终确定涉税问题的本质。

第三个目标是引起学生对于税收立法的思考。通过对本案例的学习，可以了解到我国税收立法相对缓慢，更多地依赖税收规范性文件的现状。税收立法的缺失会使税务机关在对某些涉税问题做出税务处理决定时出现无法可依的状况，而过多地依赖税收规范性文件做出税务处理决定使税务人员面临较大的执法风险，因为税收规范性文件的法律位阶较低，法律上只做参考，并不能直接适用，这也导致了税务行政诉讼败诉率的上升趋势。由此为出发点，引导学生积极探讨如何加快我国税收立法的进程。

四、要点分析

通过对本案例的学习，会发现有许多值得探讨的问题，但在有限的教学过程中探讨所有的问题显然是不切实际的，所以，教师应该根据教学目标和学生的学习目标合理地选择重点问题进行研究讨论。本案中值得探讨的问题要点有：

（1）在与B门店的博弈中，税务机关是如何通过一步一步的调查分析发现B门店的“店中店”涉税问题本质的？

在发现B门店的申报异常情况后，税务机关随即对B门店展开税务调查，在调查中，税务机关并没有按常规程序首先查阅B门店的财务资料，而是第一时间实地走访了B门店，观察B门店变更营业地址后的实际经营状况，尤其是新增的“店中店”的营业方式引起了税务机关的高度重视，经过初步的询问，了解了其基本的运作模式。按照税务调查人员的职业思考，新的经营方式很可能隐藏着新的问题，带着对“店中店”经营方式的疑问，税务机关开始检查B门店的财务资料。经过税务机关的仔细查阅，发现了一批与其他财务资料无法核对相符的出库货物，在B门店解释原因并承诺在一定期限内查出结果后，税务机关并没有被动地等待B门店的最后回应，而是根据已经掌握的情况进行进一步的研究分析，从而将这批货物与对“店中店”方式的疑问成功建立联系，即这批货物正是B门店出租的奶茶店、糕点屋、熟食店等店铺经营所必需的原材料和日用品。最终，税务机关以此为突破口查出了本质问题，B门店这批货物的收入以租金方式收回，并没有进行增值税纳税申报并缴纳税款。虽然并不能排除此问题是由于B门店变更营业地址并扩大规模造成财务疏漏所致的可能性，但至少税务机关据此成功追回了B门店应缴而未缴的税款。

在实际的经济活动中，销售企业的经营方式和财务状况往往是十分复杂的，税务机关在进行涉税检查过程中，既要深入挖掘局部信息，也要善于从全局考虑，善于将所获信息与产生的疑问建立深入联系，进而做出正确合理的判断，揭示涉税问题的本质。

（2）在本案例的“票货款不一致”涉税问题的调查处理中，B门店通过哪些方式维护自身的权益？最终取得了什么效果？税务机关在做出税务处理决定时应注意哪些问题？

对于B门店的“票货款不一致”涉税问题，税务机关认为，B门店不是货物的付款方，供应商发货后，B门店只是起到货物的中转作用，对货物并没有实际的控制权，B门店接受供应商开具的增值税专用发票并进行抵扣实际上是取得票货款不一致增值税专用发票抵扣进项税额。税务机关由此做出处理决定，令B门店补交税款并缴纳滞纳金，拟对B门店将不符合抵扣条件的发票列入进项税金归为“在账簿上多列支出”，根据《税收征管法》进行处罚。面对税务机关的处理决定，B门店虽然同意补缴税款和滞纳金，但并不认同税务机关的违法认定。B门店首先发起了听证程序，在听证会上，B门店阐述了其与供应商和零售商是长期合作的关系，只是合作关系刚刚建立，合同事项还没有完全确立，由此产生交易上的疏漏，但并不存在主观违法行为。由于交易合同内容的复杂性，加之涉税问题本身也并不是确定无疑，使税务机关产生了一定的疑问，但最终并未改变处罚的决定。由事件的发展可以看出，B门店应该聘请了税务和法律专业人士帮助分析应对方法，经过听证过程，B门店发觉税务机关的动摇倾向，随即提起行政复议。在复议中，上级税务机关经过仔细审查，发现相关法律文件对“票货款不一致”的解释并不是十分明确细致，据此处罚将面临较大执法风险，最终撤销了处罚决定。

通过对“票货款不一致”涉税问题的分析可以得出，税务机关应该在全面调查涉税问题的基础上，掌握真实准确的交易情况，查明交易人之间的实质关系，持续跟踪确定交易货物的流转环节，切实做到事实认定清楚、证据充分确凿，并依据明确清晰的税收法律规定做出税务处理决定。在实际中，如果遇到缺乏证据、事实认定不完全的情形，应做出有所保留的处理决定，避免不必要的执法风险。

（3）假设对“票货款不一致”涉税问题进行拓展，跟踪货物的再销售过程，可能得出什么结论？

通过对本案例的学习，并不清楚货物的再销售情况。如果对货物的再销售情况做出不同的假设，将会得出不同的结论。

如果零售商以B门店的名义销售货物，并由B门店向购买货物一方开具发票，用销售收回的货款继续向供应商提货，那么就应当认为零售商为B门店提供代理服务，其报酬就是经营此项业务所获的利润。此时，供应商开具增值税专用发票给B门店，从税收和发票管理的角度就是合法的。税务机关就不能认定B门店有取得票货款不一致增值税专用发票抵扣进项税金这一事实，也就不能责令B门店补交税款，更不能进行税务行政处罚。

假设反之，税务机关有足够的证据证明，货物是零售商以其自己的名义销售，并由零售商自身开具发票收取货款，则可以认定：零售商向供应商购进了货物，并由零售商再销售，B门店是零售商的代理人，其报酬就是分得的利润。此时B门店接受了供应商开具的增值税专用发票，对于B门店而言就属于让他人为自己虚开增值税专用发票。这时，即使供应商所属税务机关未能提供虚开证明，B门店所属税务机关也可独自认定B门店有虚开发票行为，从而适用相关法律规范予以处理。

五、课堂安排

本案例要让学生通过学习讨论，掌握税务机关与B门店在征纳博弈中分别采取了哪些必要措施达到预期目标；税务机关在执法中如何做到适度合理，降低执法风险；涉税问题的本质体现在哪些方面等要点。进而对经济活动中普遍存在的征纳博弈有更加直观和深入的了解。为了达到这一目标，课堂活动的精心安排是至关重要的。

在第一课时的授课中，教师应针对案例的思考题提问部分学生，检查学生对案例的预习情况。之后，根据教师掌握的学生对于案例的理解程度，教师可以做一些背景的介绍和重点方向的引导，使学生逐渐挖掘到案例所要揭示的重点问题。在剩下的时间中，教师应该让每个小组在组长的带领下讨论第一个要点问题并形成纸质结论。

第二课时开始后，教师应安排每两个小组互相交换对第一个要点问题的纸质讨论结果，每个小组选一个代表说明本组与对应组观点的异同，并综合两组观点给出结论。所有小组都进行完毕后，教师参与大家的讨论，一起整合各方观点，得出一致的结论，讨论中允许有不同观点者持保留意见。这一过程尽量控制在30分钟左右。在接下来的时间中，教师安排每个小组以自己制定的方式讨论第二个和第三个要点问题。

进入第三课时，教师首先请每个小组委派一名代表上台讲述本小组对于第二个要点问题的观点，同时也可以发表对本小组在案例讨论中认为的关键问题的观点。每个小组代表发言完毕后，其他小组的成员可以对观点内容提出疑问和不同意见，引起大家的讨论。这一过程尽量控制在25分钟左右，教师不要直接评价学生的观点，更不要批评学生的结论，但也应积极参与学生的讨论，提出关键性问题，引导学生拓宽思路。在最后20分钟时间，针对第三个也是开放式的要点问题，教师可以让学生自告奋勇地表达自己的观点，引起大家的讨论，在讨论进入高潮时，教师要把握时机，适时切入，对讨论进行总结和点评，使案例的教学在精彩之处戛然而止，保留学生对案例要点的讨论兴趣，以便课下继续探讨交流。

仅仅用三个课时的时间完成本案例所有关键问题的讨论并得出结论是不切实际的，所以教师和学生都要充分利用好有限的时间，全身心地投入其中，在完成教学目标和学习目标的同时，不断拓宽研究思路，深入挖掘问题本质。

破解招商引资难题

——W 公司引进过程案例分析

杨书文　徐立立*

一、W 分公司引入过程回顾

1. 引言

W 公司于2000 年成立于上海市嘉定区南翔镇，隶属于W 集团。W 集团股份公司于2002 年12 月在上海证券交易所A 股上市，是专业研发生产热收缩材料、聚四氟乙烯套管、防静电发泡材料等电子材料的公司，W 集团已经成为国内最大的热收缩材料供应商，针对电子、汽车和高铁等行业的热收缩套管销量稳居全国第一位，被誉为“全球热收缩管领先品牌”。目前，W 公司致力于拓展业务，抢占北方市场，力争成为京沪高铁的电子材料供应商，为了降低运输成本，W 公司决定在天津设立W 公司天津分公司，当前经营地址已经选定B 区内的工业厂房，当务之急是办理W 天津分公司营业执照，同时更为重要的是选择合适的注册地以及优惠扶持政策。

2006 年企业注册涉及的部门有：工商局、税务局、质量监督管理局、公安局、银行、会计师事务所、房管局。注册流程如下：工商局名称核准→领取名称核准通知书→银行开设验资户→投资人打入投资款→会计师事务所出具验资报告→工商局办理注册登记→公安部门刻章→质检部门办

* 杨书文，天津财经大学财税与公共管理学院副院长、MPA 教育中心主任，副教授。徐立立，天津市武清区招商局。

理代码证→税务部门办理税务登记证→银行开设基本户→房管局办理房屋租赁证→税务部门办理税务登记手续及一般纳税人领票手续，全套手续办理下来至少3个月，当时工商企业注册在2年内必须缴齐注册资本，而且首期不能低于注册资本的20%。

H镇人民政府所属A区。A辖区内有29个乡镇街道，总人口110万，拥有2个开发区、4个天津市示范园区，每个乡镇街道及园区都设有独立的三级财政，为了促进经济发展，每个园区及乡镇街道根据自己的特点制定了招商引资扶持政策并设有招商办公室，进行独立的招商引资。由于土地资源紧缺，A区逐渐把培育、发展楼宇经济作为促进本地经济发展和加速优化产业结构的新举措，为了更好地吸引企业前来注册，A区制定了科技、人才奖励等优惠扶持政策。

2006年H镇人民政府招商考核指标有：当年引进企业注册额、实现三级税收额、固定资产投资额。H镇地处永定河泛区，没有工业用地指标，也不能进行园区建设。2006年H镇本地企业主要是建筑公司、化工企业、纸制品公司，招商企业只有8家物流企业，企业年实现税收2300万元，当年H镇招商引资的水平较低，招商处于初始阶段，为了更好地招商引资、招商引税，促进地方经济发展，H镇一直在探索招商引资的方式和方法。

2. 电话沟通

2006年10月中旬，H镇政府招商办L主任接到B区沈经理电话。沈经理是L主任的老朋友，他在B区有一处8000平方米的厂房。为了进行招商引资，沈经理先通过电话联系L主任，把上海某企业看中了其厂房和电子加速器的事情进行了汇报，并与L主任沟通了租赁及注册天津分公司的相关政策与工作流程。L主任通过审阅电子版申请材料及上海企业的运行情况做出了见面洽谈的决定。10天后上海企业将带着相关资料当面洽谈。当面洽谈是与企业成功签约的第一步。

3. 与企业相见，僵局出现

L主任按照约定时间来到B区沈经理的厂房处。在办公室，见到了沈经理和W公司的G经理，G经理那时还是上海公司的销售总监。

沈经理将双方情况进行了简单的介绍后，G经理介绍了公司的具体情况。该公司属于上市公司控股，市场前景较好，预计年销售收入达5000万元，年税收预计上千万元，企业现在需要寻找注册地，希望政府提供注册地址，能够全程帮助办理公司注册手续，另外，希望政府能够帮助企业协调工商、税务、质检、银行、会计所等各部门关系，遇到任何问题时，政府能出面帮助解决，更重要的是寻找扶持企业的奖励政策。L主任向G经理详细介绍了H区的发展前景及企业的扶持优惠政策，并表示将“一条龙”免费为企业服务，同时免费提供注册地址。在相互交流中，L主任解答了G经理的一系列疑问，如政策怎么兑现、注册公司时限等问题。通过交流，L主任初步解了W企业的情况，认为W企业是上市公司控股，应该是个很有实力的企业，虽然注册分公司没有注册资本，对完成招商注册额任务没有帮助，但是从长远来看，企业投产后，应该会产生不错的效益，由此带来的税收也是非常可观的。一方面，将利于政府税收任务的完成；另一方面，政府将获得更多的三级财政，利于本地经济发展。于是，L主任积极与企业进行沟通，同时表示如果厂房不够用，可协调租赁A区内的厂房。G经理表示，沈经理的厂房比较符合他们做电子材料的要求，更重要的是，沈经理的电子加速器是做电子材料的核心设备，租用后可以节省生产成本；此外，G经理表示会考虑将H镇作为注册地，决定下周五上午到H镇进行考察。

2006年12月初，G经理及其同事三人来到H镇政府，在招商办公室见到了L主任及主管经济的Z书记。在企业到来之前，L主任已经向Z书记汇报了企业情况，但Z书记觉得设立分公司没有注册资本不利于招商指标引资注册额的完成，所以不太愿意接纳这样的企业，但经过L主任介绍企业预计纳税等情况后，Z书记最终同意。待G经理一行人到来时，Z书记等人热情地接待了他们，并将A区及H镇的情况进行了详细介绍，并带领他们到城区、开发区和镇内参观，一路上，重点介绍了开发区和本镇的区位优势、招商情况等，让企业真实地感受到A区及本镇的实际情况。

回到办公室后，G经理谈到具体的优惠政策，并提到了注册后可能遇到的问题，如报税怎么操作、注册地址是否为实际地址等问题，Z书记认真解答了G经理的各种问题，如报税可以网上报、注册地址为免费提供的实际地址等。在奖励政策上，Z书记对G经理进行了详细的解说，并表示税收政策一年兑现一次。但是，G经理表示优惠政策没能达到他的心理预期，认为奖励政策的力度不太高，奖励周期也太长。此外，W 公司在注册地上海南翔镇享受着非常好的税收奖励政策，所以，分公司的奖励政策一定不能比上海低。

Z 书记了解到企业的顾虑后，表示奖励政策可以继续探讨，但是要保证一定的税收，才能给予更高的优惠。G 经理表示，分公司设立后业务刚起步，所以不能保证每年一定会缴纳多少税收。双方谈判陷入僵局。为了打破僵局，王主任问及 W 集团公司业务量的情况和税收情况，以及上海的扶持政策。他们认为 W 集团实力比较强，北方市场上同行业的企业少，发展潜力巨大，从将来企业纳税角度考虑，纳税能力将非常可观，为了留住企业，只能进一步妥协。王主任表示，扶持奖励比例可再提高一个档次，这样就比上海高了。G 经理表示会将详细资料及有说服力的证明材料上报 W 公司，听公司安排，再决定是否注册。

4. 曲折开始

三天后，L 主任没有接到 G 经理的电话。到第五天，L 主任拨打了 G 经理的电话，询问上报公司后是否有进展。G 经理表示，经他人介绍，公司已经与天津市的其他区县取得了联系，当地政府也给出了优惠政策，此外，A 区的另一个乡镇招商办也在和他们联系，同样给予了各种优惠的政策。由于设立分公司将是北方市场的战略选择，W 公司及 W 集团非常重视，所以对注册地的选择比较慎重，目前正在对比中，如果有需要再和 L 主任联系。

L 主任听到企业的回答后，觉得情况不妙，没想到其他区县及同区的招商办也会一起争抢项目，于是让沈经理盯着企业进展，并赶紧将情况汇报 Z 书记。Z 书记指示要跟紧企业，要了解哪些区县在争取该项目，同时摸清企业具体需要，尽量满足企业的要求，并表示会抽时间去上海拜访该企业。

2006 年 12 月中下旬，L 主任两次联系 G 经理，但均无果。由于年底工作繁忙，Z 书记和 L 主任去上海的计划搁浅了。L 主任只能通过电话跟紧企业。L 主任后来从沈经理处得知，元旦后 G 经理会回到 B 区与沈经理签协议。L 主任认为这又是一个深入交流的机会，便决定到时除了邀请 Z 书记外，还要邀请 H 镇政府党委书记 C 书记一同前往，C 书记更加了解 A

区规划，而且在政策上有更高的决策权。

2007年元旦过后，C书记、Z书记和L主任在沈经理厂房处见到了G经理。C书记表示了政府为企业服务的决心，也表达了政府对企业的诚信，希望能进一步洽谈。但G经理表示，几个区县政府都和他们联系，公司正在进行政策对比，领导依然没有给答复，但是公司已经和这个厂房签订了租赁协议，并要对厂房进行车间的前期设计、改造，为之后设备安置、开展生产等做好准备，所以分公司肯定注册，请耐心等待结果。

在接下来的一个月里，L主任和G经理一直保持联系，除了电话联系外，L主任还把A区及H镇的新变化、新政策及新企业落户的情况通过邮件发给G经理。1月底，L主任再次致电G经理，表示要到上海拜访，计划与W公司的领导预定见面时间。但G经理表示，由于快到春节了，事情较多，注册分公司一事，等春节后再商议。

2007年2月，春节后，L主任从G经理处得知，W公司已经开始着手注册事宜，将对多个区县进行考察，最后选定注册地。

L主任将情况汇报给了C书记、Z书记。C书记认为上海之行是必须的，只有见到W公司的总经理，找到真正能决策的人，才是决定企业签约成功的关键。于是L主任与G经理约定好时间，两周后在上海见面。

为了更好地促成企业注册，C书记决定邀请A区的招商局局长和辖区内的税务专管员一同前往。招商局局长可以从全区的层面进行洽谈，能让企业更全面地了解全区的情况；税务部门则是企业后期纳税活动中经常发生关系的部门，做好与税务机关的沟通与协调非常重要。税务专管员同往，一方面可以加强与企业的沟通，解答任何税务上的疑问；另一方面，税务部门在了解企业实际情况后，会比较认可企业，在企业申请发票额度及份数上能给予更高的版面和份数。

2007年3月初，C书记一行人如期而至，G经理给予了热情的接待，并引荐了W公司的X总经理及财务总监，双方进行了洽谈。X总经理对企业的发展规划进行了介绍。C书记表示非常重视该企业，并邀请了招商局长和税务专管员，希望分公司可以注册在武清区的H镇。招商局局长从经济发展形势上讲解了A区的战略规划，并表示如果公司需要用地，可以协调解决。税务专管员表示，虽然办理一般纳税人和税控的手续比较复杂，周期时间长，但只要业务真实，需要的发票量多可以酌情批准。

X总经理表示，W公司非常看重优惠政策。企业的税负非常高，享受优惠政策后，税收负担会减轻很多。政府的政策根据纳税额度的不同奖励的比例不同，希望政府能给予最大的优惠额度。C书记、Z书记看到企业的规模后，心里有了测算和保障，于是C书记承诺奖励比例可以再晋升一档。X总经理摇摇头，说道："天津市的其他区县直接给予了H镇政府最高比例的奖励政策，而且交通位置也并不比你们差，你们的优势在哪里?" C书记讲解了自身优势，表示企业一方面重视的是政策、注册地的区位优势，A区的位置就不言而喻了，关于政策，为了表示政府的诚意，该镇能给予同其他区一样的奖励比例，可以和政府签订协议，保证兑现；另一方面，相信企业也是非常重视服务的，服务也是软环境，如果服务做得不好，一切都无从谈起，该镇将会提供优质、高效的服务，免费提供注册地址的同时为企业办理注册手续，税务部门也会给予大力支持。在相互交流过程中，C书记、招商局局长、税务专管员分别解答了X总经理提出的各种疑问。

X总经理认为，政策兑现时间是一年，周期太长，询问周期是否可以缩短一下，最好是每月兑现一次。C书记和Z书记表示政策一直都是按照这个时间进行结算，如果公司纳税额大，兑现时间可商议。C书记和Z书记商量后决定，对其进行破例，根据税种的不同实行次月奖励兑现和年奖励兑现。X总经理对此表示了认可。X总经理表示，W公司将进一步汇总各区县的情况，在G经理全部考察完其他区县后，再做决策。

5. 注册型企业产生

2007年3月中旬，G经理致电L主任，表示经过公司对各区县的考察和对比，X总经理对H镇最认可，公司最后决定在H镇注册。L主任得知这个消息后很高兴。接下来，根据注册手续的要求，告知G经理注册分公司所需要的材料，但由于上海公司公章不能轻易带出，所以L主任将材料寄送给G经理，让他在相应的材料上签字、盖章。L主任收到企业注册材料后，开始协助进行公司注册，最终W天津分公司于2007年4月17日取得工商营业执照。

"三证"齐全后，L主任又帮助W公司天津分公司办理税务手续。税务手续需要的材料比较多，准备齐全后，经过两个月的时间W天津分公司取得一般纳税人批件和税控批件，此后，W天津分公司开始步入正轨，可以开发票、正常运转了。2007年10月，H镇新上任的分管经济的副书记Y书记高度重视W天津分公司，并表示要加强对W天津分公司的服务，促使它尽快达产达效。

与此同时，B区厂房已经装修完毕，开始进行生产的准备，招聘人员、购买设备等。2007年底，分公司已经拥有员工130名、办公人员55名、生产人员65名，分4个生产车间，生产设备已经全部调试完毕，已经具备生产条件，W天津分公司在生产方面逐渐走向正轨，开始接单生产。一个本地注册异地经营的注册企业，就这样产生了：W天津分公司在A区注册，在B区生产经营，税收归属A区。

6. 子公司成立

2008年国家加大对基础设施的投入，电子材料需求旺盛，由于北方区域电子材料生产厂家只有W天津分公司一家独秀，而且品牌影响力大，所以W天津分公司的业务呈井喷的态势。公司销售收入从2007年的几百万元，上升到2010年的8000多万元，纳税额度也从几十万元上升到1200万元。W天津分公司一跃成为H镇的纳税大户，纳税企业排名第一，当年H镇税收任务4407万元，实际完成5245万元，超额完成了税收指标。

2011年初，W集团一方面为了更好地占领北方市场，拓展业务空间；另一方面，W天津分公司业务量已经达到分离的标准，所以W集团决定将分公司从W公司中分离出来，单独成立一家集团的天津子公司，即T公司，G经理由W天津分公司经理晋升为T公司总经理。

W集团要注册天津子公司的消息又被天津其他区县所挖掘，它们多次找到G经理，希望通过优惠政策吸引企业注册；与此同时，A区的另外一个乡镇也多次拜访G经理，同样希望T公司可以注册到它们乡镇，享受更高的扶持政策。Y书记了解情况后，与G经理进行座谈。几年来，Y书记为W天津分公司协调税务部门到帮助争取各项政策，为分公司解决了各种难题，所以希望W公司可以继续在H镇注册子公司。H镇的服务及诚信也得到了W公司总经理和G经理的认可，他们深深地表示感谢。最后，W集团决定依然在H镇成立T公司，注册资本5000万元，由集团公司全额实缴，这为H镇完成当年的招商引资到位额的任务奠定了基础。接下来，L主任又继续为T公司手续忙碌，终于在2011年4月底取得T公司的“三证”，T公司也逐渐运转起来。

7. 购买厂房

随着业务的发展，T公司在北方市场上的产品占有率越来越高，生产需求加大。另外，B区的厂房租金一直上涨，为了生产节省成本，也为了能在天津更好地生存和发展，2012年，集团董事会通过决议，T公司要独立建厂，建设属于集团的天津生产基地。G经理将建厂的需求告知Y书记，并希望他能协调土地资源。Y书记表示土地指标非常紧张且要求投资强度及实现的亩税收，而且建厂时间长，提议租赁现有的厂房，G经理表示可以考虑。

Y书记非常积极地搜索厂房资源，因为只有T公司在A区实际落户生产，成为真正落地的实体企业时，纳税才有永久的保证。Y书记先后带G经理在开发区内看过三处厂房，但都不满足要求。经过不断地搜索信息，联络到开发区内某电子厂的厂房正在出售，占地17亩，1万多平方米，厂房标准高，交通便利，基础设施也比较完善。Y书记认为该厂房非常符合T公司的要求，随即通知G经理来考察，G经理将厂房情况汇报给W集团。三天后，集团董事长一行人对厂房进行考察，并与该电子厂经理进行谈判，待评估公司确定价格后，W集团董事长一行人进行了内部讨论和决策，认为厂房符合生产要求，价格也合理，于是做出购买的决定，由公司法务部起草协议，房管局办理过户手续。W集团最后以1000多万的价格购买了该厂房，整个过程非常有效率，从决策到办理过户手续仅仅用了15天时间，W集团董事长等人向Y书记表示了感谢。

8. 乔迁——注册型企业转变成实地经营企业

T公司购买厂房后，开始进行厂房的整理、规划及装修等工作。2013年3月，W天津分公司B区的部分职能部门开始搬迁，生产设备也陆续搬移，2014年5月B区生产基地的所有工作人员和生产设备全部搬迁到新厂。2014年7月，T公司开始正常生产经营。T公司是H镇第一家由注册型企业转变成为真正的实地经营的生产型企业，这种转变的趋势引导着H

镇的招商模式。

2007年以来，H镇人民政府积极为T公司提供各项服务，帮助企业协调工商、税务等部门，协助T公司争取各项扶持政策。从2010年开始，H镇将T公司作为科技型龙头企业进行扶持，协助企业申报专利补贴、项目资金等政策，把企业能享受的优惠政策争取申请下来，使企业能尽量多的享受补贴，以提高科技研发能力、降低成本。2012年组织推荐T公司申请成为高新技术企业，所得税税率降为15%，有利于降低企业税负，更好地促进企业发展。2013年，T公司成为区级专利试点企业，一方面可以享受专利补贴扶持；另一方面可以更好地保护公司产品，同时促使T公司进行转型升级。H镇政府积极组织校企对接活动，根据T公司技术需要及依据科技型企业校企对接平台，推动T公司与天津大学实现合作，进一步破解技术难题。此外，H镇一直努力将T公司打造成为科技型“小巨人”企业，争取更多“小巨人”扶持政策。T公司销售稳定，年实现销售收入近亿元，每年纳税近千万元，T公司已经成为H镇的纳税支柱企业。

9. 上海考察

Y主任在与G经理的一次座谈中，得知W公司的注册地南翔镇招商引资起步早，经验丰富，而且已经形成规模，所以想通过他的引荐，去上海南翔镇考察，借鉴招商经验，G经理愉快地答应了。一年来的磨合，G经理和Y主任已经成为非常好的朋友。

2008年8月，H镇党委书记C书记、主管经济的Y书记、L主任三人一起来到上海南翔镇，X总经理热情地接待了他们。在参观了W公司后，X总经理将他们引荐给了南翔镇领导，由于W公司在当地是纳税大户，南翔镇领导非常热情，并以蓝天经济城为例介绍了当地招商模式。H镇三人非常受启发，同时非常钦佩当地的行政环境。上海分公司的G经理曾提到，A区的行政环境与上海至少差十年，这回他们真的相信了。

二、H镇与南翔镇招商模式及行政环境对比

南翔镇是嘉定区连接上海的南部门户，已有1500多年历史，素有

“小上海”“赛苏州”的美誉。南翔镇是一个经济大镇，经济实力在全市名列前茅，它以发展转型为核心，高起点建设产业发展平台，展示出商务汇聚、总部集聚的城市形象。2012 年实现税收 45 亿元，综合实力位列全国百强镇之一。

1. 招商模式对比

（1）商业化运作。南翔镇政府投资成立 5 个招商公司，即蓝天、南翔、古猗园、环球、高科技五大经济社区。上海蓝天经济城有限公司是其中招商业绩最好的，它创办于 1994 年，是一家集政府管理、服务、催生企业成长的综合性实体机构。每个招商公司实行公司化运作、商业化管理，工作人员都是招聘而来，每个公司都有专业的招商团队，分组管理，每组进行业绩比拼。H 镇的招商引资没有商业化，招商人员也零零散散，没有形成专业的招商队伍。

（2）大力发展楼宇经济，引进注册企业。南翔镇依托商务楼宇资源和突出的交通区位优势，大力发展楼宇经济，以优惠的扶持政策吸引全国各地企业注册。以蓝天经济城为例，初期有一栋 17 层一站式的综合服务大楼，落户企业总量近万家，2009 年实现税收 18 亿元。企业可以在商务楼中实地办公，也可以异地经营，同时实行“以税代租”的政策，对于达到税收要求的企业实行租金优惠。而 H 镇的企业当时只有 17 家，年三级税收 3000 万元，引进注册企业的方式对它们来说是个新概念。

（3）明确产业定位。南翔镇的主导产业有中小企业总部、文化信息、电子商务、商贸商务、金融服务业、房地产业和生产性、生活性服务业等，实行“一部六业”为主的产业发展定位。目前，正从引进注册企业转变为以“一部六业”为导向努力发展楼宇经济的产业化招商之路，通过引进大型龙头企业，带动产业链上的优质企业在南翔集聚。H 镇产业定位不明确，优质龙头企业较少。

（4）重视引入企业的质量。蓝天经济城累计注册企业最高达 4 万家，但南翔镇逐渐重视企业的质量，开始消减企业，每年更新 10%，对于达不到南翔镇制定的纳税标准的企业，逐渐让其迁移，以有限的人力物力服务于纳税贡献大的企业，企业消减后保留的优质注册企业约 14000 多家。而 H 镇企业很少，希望能聚少成多，这也提醒了 H 镇要重视企业的纳税能力。

（5）实行“走出去”的招商战略。南翔镇率先迈开了从市内招商向全国招商的步伐，招商重点区域由上海扩展到北京、广东、长三角等重点省市和地区，并取得了显著效果。H镇招商的产业定位不明确，招商区域也只局限在天津、河北地区。

2. 行政环境对比

（1）“一条龙”高效服务。蓝天经济城将自身定位为“政府和企业的沟通者、企业顺利发展的护航者、政府扶持政策的兑现者”，始终坚持“客户是财富之源、服务是生存之本、创新是发展之路”的宗旨，园区协助企业办理工商、税务等相关手续，实行项目化管理，每个项目由专人负责，园区内规模型企业优惠政策的落实和兑现非常及时、到位，对企业的服务在企业界享有较高的公信力。H镇当年工作人员少，服务水平与该镇相差甚远。

（2）坚持“服务就是招商”的理念，紧贴企业实际，时刻关注客户需要，随时为实际办公的企业解决问题。为进一步方便客户办事，蓝天经济城在市区设有多个办事机构并辟有专线班车，免费接送客户到蓝天经济城办事。H镇的服务没有这么细致入微。

（3）服务部门联合办公，优质高效。蓝天经济城功能齐全，服务优质高效。工商、税务、银行、审计、会计等管理服务部门在蓝天经济城均有派驻机构，长期进行联合办公，实行“一条龙”服务，而且税务部门实行国税和地税不分家制度，行政效率高。此外，园区工作人员与辖区内服务部门关系融洽，共同为区域经济的发展服务。H镇所属A区国税和地税是分开的，跟蓝天经济城相比行政效率比较低。

在上海考察后，H镇的C书记、Y书记开始重新审视H镇的招商模式，响应A区发展楼宇经济的号召，借鉴上海南翔镇的招商模式，开始引进注册企业，几年来效果显著。继2008年考察后，2009年、2013年，H镇Y书记再次到南翔镇考察学习，借鉴先进经验，H镇税收从实现2000多万元已经达到实现2亿元，招商方向正从引进注册企业转变为以四大产业为导向，努力发展楼宇经济的产业化招商之路，大力引进企业总部、咨询服务、科技、游戏、广告等行业，努力打造特色产业聚集区，同时利用各项政策吸引企业从注册型企业转变成实地企业。

三、政府招商引资面临的困难与问题

1. 招商引资方式、策略落后

A区招商引资积极性非常高，也取得了一些成绩，但是招商引资方式和策略需要提高。A区招商引资的主体仅依靠政府的力量，而社会力量和其他中介机构较少，造成招商引资缺乏长期的推动力。面对新时期招商引资的需求，不能局限于单一、传统的招商模式，且随着市场经济的发展，外商对于投资的选择也日益多元化，招商引资的方式也必须适应市场经济发展的需求。因此，必须立足地区实际，不断丰富招商引资的方式，以引进更加优质的企业落户。

2. 招商引资竞争压力大，政府各自为战

区与区之间无视政府收益，搞恶性竞争。有的地方政府往往不考虑本身的产业状况，为了引进更多的项目和资金，与周边地区开展政策比拼，采取过度的优惠招商政策，拼减免税费、拼土地资源价格、拼环境优势，不断降低企业的投资成本和投资门槛，结果造成了土地资源的流失和应得经济利益的损失，甚至助长了某些企业钻“政策优惠”空子的坏习惯。同一区域，乡镇招商各自为战，不同乡镇制定了不同的优惠政策，同一个企业有时会在同区内选择不同的乡镇，乡镇间会出现用更加优惠的政策“抢商”的现象，区域内没有形成规范有序、共同推进的局面。

3. 招商引资难度大

H镇地处泄洪区，没有镇工业园区，但同样承担经济发展的任务，而且招商任务指标年年递增，每年要确保25%的增长，压力很大，加之经济增速放缓的新常态下，如何进行有效的招商引资，吸引企业前来注册，促进经济发展是个难题。

4. 企业自身落户标准高

企业在选择注册地时，既重视扶持政策，又重视行政环境，因而会在

多地寻找优惠的扶持政策，然后进行比较，选出最优惠的地方注册。有的企业会分别和不同的地方政府进行谈判，然后根据谈判结果选出最优的注册地，这样无形中也加剧了各地的竞争。规模或影响力越大的企业落户条件越高，越希望地方政府给予更优惠的政策扶持和资金支持。

5. 服务水平难以满足企业的发展需求

积极推动由热情、周到等表层服务向公正、公平、透明、廉洁、高效等深层服务转变。虽然表层细致服务的环境建设能赢得客商的好感，但不能从根本上解决"衙门作风"、办事程序繁琐、效率低下等问题。另外，招商工作人员专业化程度不够高，缺乏各行业的专业知识，有时不能应对行业领域内的问题，因而在进行招商引资时无法充分把握和发挥自己的优势。

四、破解招商引资难题

1. 大力发展楼宇经济，在打造招商引资优良载体上下功夫

楼宇经济是近年来中国城市经济发展中涌现的一种新型经济形态。它是以商务楼、功能性板块和区域性设施为主要载体，以开发、出租楼宇引进各种企业从而引进税源、带动区域经济发展为目的，以体现集约型、高密度为特点的一种经济形态。在土地资源紧缺的情况下，发展楼宇经济是地方政府招商引资新的突破口。

楼宇经济可以带来空间的集聚效应、联动效应和辐射效应，它也是现代服务业的代表性形态，可以使地区经济发展由平面发展变为立体发展，由实体经济变为虚拟经济，实现向空间求发展、向楼宇要效益的转变，多种业态的市场主体集中在商务楼宇中，将会直接产生效益，增加政府税收。地方政府在选择好楼宇经济载体的同时，要做好产业规划，引导楼宇形成产业聚集，努力形成重点产业的聚集区，促进经济发展。

2. 设立专业招商机构，在招商引资市场化上下功夫

新时期、新形势对于招商引资中政府的职能定位提出了新的要求，地

方政府应该逐渐淡出招商引资中主导功能定位的角色，转向引导型的招商引资功能定位角色。招商引资市场化，设立负责招商投资的专业机构，其组织形式可以模仿上海蓝天经济城公司模式，也可以由政府成立相应的行政主管部门。但是，无论采用哪种组织形式都必须以市场规律作为开展招商引资工作的指导原则，避免行政干预破坏招商引资，以此来促进招商引资的多样化，提高招商引资的水平和收益。专业的招商组织机构可以更及时地把握国际市场的动态，并在此基础上对本国的招商环境做出改建以满足投资者的需求。

3. 明确招商方向和定位，在特色招商上下功夫

地方政府要根据实际情况明确自身产业发展定位，进一步加强招商规划，选准目标方向，确保招商工作有序、有效、有针对性地推进；同时，根据产业发展情况，以重点行业为主攻重点，盯住行业龙头不放松，顺着产业链开展有针对性的招商工作，特别是要利用好已落地企业，利用行业龙头，充分发挥引领带动效应，吸引同行业和上下游企业落户，不断延伸和做大做强产业链，努力做到引进一批、带动一批，加快推动形成产业定位清晰明确、特色优势突出、相关行业集聚发展的招商工作格局。

4. 强化协调服务，在稳商安商上下功夫

良好的服务是留住企业的关键性因素。一方面，要进一步强化服务他人就是发展自己的理念，实行公开承诺，建立工作台账，落实服务责任，重点、难点问题“一把手”亲自协调办理，做到既注重服务效率，更注重服务效果；既全力以赴为企业分忧解难，又要加强规范管理，让企业健康发展。另一方面，不断创新服务招商，像做企业一样做招商，像抓企业管理一样抓招商服务，特别是要把国家和市、区扶持政策整合吃透、用足用活用到位，让企业感受到政府的真诚和用心。

5. 强化走访沟通，在以商招商上下功夫

招商引资关键在“跑”，沟通到位必然会有效果和收获。尤其是要以商招商，决不要坐等投资商介绍项目，更多地要靠招商人员加强与落户企业的联系走访，在交流的过程中发现和捕捉信息，发现招商线索和依据，

在此基础上有针对性地做好工作，提高招商成功率。因此，要建立走访企业工作机制，对当年新落户企业必须确保百分之百走访到位；对已落地的重点企业要定期走访，对有过接触但未签约的企业要长期跟踪沟通，决不放弃，确保做到攻破一点、打开一片，形成招商引资良性发展的局面。

6. 强化招商队伍建设，在专业招商上下功夫

一是以提高招商人员素质和专业化程度为重点，加强全方位培训，提高招商本领和业务水平。二是以产业发展定位为目标，集中人员、集中精力、集中攻坚，提高招商引资专注度。同时，定期开展行业分析，交流工作成果，确保做到准确掌握行业整体动态、发展趋势和重点企业发展情况，及时跟进对接招商工作，并根据企业情况调整完善招商方式和策略。

五、结束语

随着我国市场经济的发展和完善以及社会的不断进步，实现政府在招商引资中主导地位的转变以及重新定位具有必要性和迫切性，地方政府在招商引资中的主导角色应向引导型功能定位角色逐渐转变，根据当地实际明确产业定位，科学地制定招商引资的政策和制度，扩宽引资渠道、优化投资环境、调整招商引资的服务体系，不断促进招商引资的专业化、正规化和科学化，促进区域经济的发展。

思 考 题

1. 你认为地方政府应如何进行有效的招商引资？
2. 你认为本案例中地方政府招商引资的职能定位是否准确？
3. 你如何评价各地方政府之间恶性竞争的行为？恶性竞争的后果有哪些？

案例教学指导

破解招商引资难题

——W 公司引进过程案例分析

一、课前准备

在讨论课前一周将本案例下发给学生，要求学生认真阅读案例，并结合案例提出对地方政府招商引资的认识和看法。学生需提前分组，每组 3～5 人为宜。每组均就课后习题准备发言提纲。

二、适用对象

本案例适用于公共管理专业硕士及行政管理相关专业硕士研究生。

三、教学目标

（1）通过本案例，分析当前政府招商引资的现状及存在的问题。

（2）分析政府为了做好招商引资工作应采取什么措施。

（3）分析政府招商引资的职能定位是否正确，政府在招商引资过程中应扮演什么角色。

四、要点分析

1. 招商引资的基本内涵

招商引资是一个国家或地方政府为了促进本国或本地区的经济发展，充分发挥自身各项优势，达到引进项目或资金这一目的所开展的经济活动。当前，我国的招商引资是由政府主导的。所谓招商引资政府主导职能定位是指政府通过直接干预参与到招商引资过程中，并且通过一些手段或优惠政策的方式直接参与到招商引资活动中，地方政府通过对地区进行规划、推介该地区的园区情况等，直接参与到招商引资活动中。

2. 招商引资在地方经济发展中的主要作用

招商引资是扩大投资、加快区域经济发展最有效的选择，招商引资有利于拉动地方经济的增长，扩大就业。通过招商引入资金，一方面为地方经济发展补充了大量的资金，缓解了资金不足的困境；另一方面也引进了先进的设备和技术，引进了优秀管理经验、优质的服务以及优秀人才，这些对于增强经济发展的竞争力都具有非常重要的意义。与此同时，招商引资有利于调整产业结构，加快体制改革。经济发展和产业结构调整可增加就业机会，促进人才结构的优化，提高就业率。

3. 地方政府招商引资面临的主要问题

（1）招商引资方式、策略落后。A区招商引资方式和策略需要提高，面对新时期招商引资的需求，不能局限于单一、传统的招商模式，随着市场经济的发展，外商对于投资的选择也日益多元化，招商引资的方式也必须适应市场经济发展的需求，不断丰富完善。

（2）招商引资竞争压力大，政府各自为战。区与区之间无视政府收益，搞恶性竞争，与周边地区开展政策比拼，有的地方政府仅仅考虑能否达到上级下达的任务指标，甚至不考虑招商项目是否符合地方产业发展规划，采取过度的优惠招商政策，拼减免税费、拼土地资源价格、拼环境优势，不断降低企业的投资成本和投资门槛，结果造成了土地资源的流失和应得经济利益损失。

（3）A区域内没有形成规范有序、共同推进的招商机制。乡镇招商引资各自为战，同一个区域的不同乡镇各设有招商办公室，每个乡镇制定了不同的优惠政策，吸引企业注册。同一个企业有时会在同区内选择不同的乡镇，有的乡镇会出现用更加优惠的政策“抢商”的现象，同一区域内会出现恶性竞争的现象。

（4）地方政府服务效能有待于进一步提升。招商引资是一项长期性、系统性和综合性的工作，涵盖招商、安商、稳商、亲商和富商的全过程，既包括和客商洽谈的过程、客商投资办理企业落户时“一条龙”服务体系，也包括项目引进过程中的配套服务和企业运营后的经常性服务体系。H镇在前期的服务中非常周到，表层细致的服务环境建设虽能赢得客商的好感，但不能从根本上解决办事程序繁琐、效率低下等问题。

4. 地方政府招商引资问题成因分析

（1）部门垂直管理的局限性。在办理企业注册手续过程中会接触到国土、工商、税务等部门，这些部门属省、市垂直管理，不属于地方政府管理部门，因此不受地方政府的监督约束，且地方政府招商引资工作没有统一的职能部门管理协调，各个职能部门分兵把关，有可能导致协调不一致，大量滋生本位主义、部门主义，如办理税控手续比较慢等。因此，地方政府行政领导不得不花费大量的精力在职能部门工作协调上，造成项目落位缓慢，时效不高。

（2）地方政府在招商引资中职能定位不准确。长期以来在招商引资过程中，政府一直处于主导地位，在推动地方经济发展中也取得了显著的成果，但随着我国市场经济的发展和完善以及社会的不断进步，政府主导招商引资的方式已经无法适应经济的发展和政府职能转变的需要，逐渐暴露出很多问题，如地区间不正当竞争问题等。此外，招商引资本质上来说是市场经济行为，而现代市场经济要求政府应当是有限政府和服务政府，政府的职能应主要放在经济调控、市场引导、监督监管、提供公共产品和公共服务方面，而不是充当市场主体，过多地参与到经济活动中去，应以政府职能转变推动招商引资工作的转型和发展。

5. 招商引资应主要采取的对策

（1）创新招商引资理念，将招商引资市场化。引入市场竞争机制和多元的招商主体，可以大力培育专业性社会中介组织，如上海蓝天经济城有限公司，培植多元化招商主体，并通过整合各类招商资源，建立起协调、有序、规范、竞争的市场化招商引资机制，从而有利于地方政府履行职能，也有利于提高招商引资的质量和效益。

（2）大力发展楼宇经济，打造优良的招商载体。在土地资源紧缺的情况下，发展楼宇经济是地方政府招商引资新的突破口。楼宇经济可以带来空间的集聚效应、联动效应和辐射效应，地方政府可以根据自身楼宇情况，做好楼宇经济战略规划，明确产业定位，发展特色，着力引进优质的、强大的产业，努力形成产业集群。

（3）深化区域合作，建立共赢机制。随着区域一体化的推进，各地应深化区域合作，建立招商引资合作平台，避免恶性竞争。一般而言，可以采取税收分成、土地异地置换等方式开展区域间多种形式的合作，从而降低招商引资的交易成本和竞争成本，把招商引资导致的恶性竞争转变成良性互动，实现区域间的共赢。

（4）注重服务质量，提高招商引资服务效率。投资软环境是指一个地区能够提供给投资者所需要的社会文化、市场秩序和法制建设等方面的保障与条件，因此，要提高政府服务水平，建立健全服务体系，树立“亲商、稳商、富商”的思想，为落户企业提供高效的行政审批服务，落实与企业的对话联络制度。在前期服务完成后，在企业落户后依然要积极跟踪服务，及时为企业解决实际困难与问题，让企业感受到政府的真诚服务。

（5）明确地方政府在招商引资中的职能定位。地方政府在招商引资中的主导角色应向引导型、服务型功能定位角色逐渐转变，要不断转变政府职能，努力打造服务型政府。政府要根据当地实际，明确产业定位，做好政策的制定和执行，在招商引资活动中应扮演投资环境的营造者、引资活动的领导者、投资项目的合作者、市场秩序的监管者和维护者，不断提高公共服务水平，通过招商引资市场化，实现地方政府对招商引资活动的介入由直接向间接、由微观向宏观、由行政向市场的转型，从而真正使政府的角色从“划桨者”转变为“掌舵者”，将“万能政府”转变为有限政府。

五、课堂安排

本案例的学习需要4课时，共160分钟完成。

（1）由教师对本案例进行简要介绍和分析，并结合案例介绍事故发生的原因、采取的措施和今后如何避免。这部分需要30分钟左右。

（2）安排学生分组讨论，整理课前准备的发言提纲。这部分需要20分钟。

（3）学生代表发言和提问。针对每个课后习题，要求每组派一名学生发表本组观点，并进行提问和讨论，教师要做适当的引导和评论，每个问题的讨论时间控制在35分钟以内。三道题一共用时105分钟。

（4）教师点评。根据学生发言情况，教师做简要点评，并布置课后作业。在15分钟内完成。

六、其他教学支持

软板、计算机和投影仪。课堂中老师所做的有关的理论介绍及最后的陈述可用PPT或板书、软板展示。

住房保障“有保有障”

——天津住房保障制度管理分析

张　平　王　超*

体现社会文明的重要指标之一就是能让那些无力买房的人也有房住，这项保障制度即“住房保障制度”。这项制度在部分人眼中被误解为房价泡沫破灭后的最低补救和保底措施，目的是使房地产投资在房价大跌、销售萎缩的情况下不至于影响到经济增长速度。但笔者认为，住房保障不仅是政府调控房价的一项保障性制度安排，更是重要的民生保护措施。

我国早在1999年就出台了《城镇廉租住房管理办法》。近几年，各省（区、市）都积极上马了多批社会保障房（以下简称“社保房”）。但是，如今若在网络上搜索一下便会发现，披露我国社保房管理问题的负面报道颇多。从负面报道的内容上看，政府这项住房保障措施在执行上遭遇了不小的尴尬：一边是住房困难人群急需住房救助；另一边是政府保障住房遭遇空置冷遇。

社保房管理所遭遇的尴尬境地在我国是普遍存在的吗？

实际上，早在2007年，天津就开始了廉租房的建设，走在了我国前列。虽然在连续多年的保障住房管理中也曾问题重重，但自2012年10月1日正式施行《天津市基本住房保障管理办法》后，这项规章管理目前已初见成效。天津是继河北后，第二个在全国执行住房保障政府规章的城市。

近几年，天津是怎样在全国保障住房运营困窘的格局中走出一条卓有成效之路的？要解决哪些尴尬问题才能满足人们对社保房的需求？笔者就这些问题，以公租房为考察中心，走访了天津市住房保障管理办公室和部

* 张平，天津财经大学财税与公共管理学院，教授。王超，天津市统计局中级统计师。

分公租房社区，采访了一些办事人员和部分住户，以案例分析和问题解剖的形式，力图找出症结、寻求答案，以完善管理制度。

天津市政府在住房保障制度管理上在全国起步较早，2008 年 4 月印发《天津市廉租住房管理办法》，制订了廉租住房、经济租赁房、经济适用住房和限价商品住房四大保障制度。这一管理措施的实施使急需房屋的贫困市民看到了希望。然而，并非所有住房困难户都能享受到政策保障。据笔者观察，来天津市国土资源和房屋管理局住房保障管理办公室申请办理住房保障手续者中，有相当一部分人是因申请条件不符而屡次受阻的。

一、保障政策暖人心，申请过程费周折

1. 丧夫李女士申请廉租房的经历

2008 年，天津市国土资源和房屋管理局住房保障办公室（以下简称“房管局住保办”）来了一位面色抑郁的中年妇女，这位李女士已丧偶，身边带着 10 岁的女儿。因为丈夫病重时就已经用光家中所有的积蓄，还欠了亲戚朋友一堆债务，不久前其居住的房屋又被拆迁，花掉全部拆迁费和所有的积蓄也没有留住丈夫的生命。如今，中年丧夫、家境困难的她尽管享受着低保待遇，但高额的租房费用却使她压力重重。居无定所的李女士万般无奈之下才到房管局住保办来求助，希望申请到廉租房，减轻一些生活负担。房管局住保办工作人员小周审理了李女士的有关证件后，发现除了房屋拆迁时间不够之外，其他条件都已符合。申请文件规定拆迁户必须满 3 年以后才可以申请廉租房，现在还差 1 年零 4 个月。所以，小周拒绝给李女士办理申请手续。经历了丧夫、失房、无工作等重重打击之后的李女士，精神已极度脆弱，听到不能申请住房，情绪有些激动，小周为了稳定她的情绪，就说：“我给领导反映反映，你先回去吧。”

李女士第二天一大早就来到房管局住保办等领导给她答复。但是，尽管房管局住保办工作人员很同情她的处境，却因文件规定拆迁户不满 3 年不能申请廉租房这一条款而再次拒绝办理。在以后的一年多时间里，李女士通过多种渠道咨询，甚至还到政策部门去上访过，但由于廉租房有严格的审批程

序，文件中限定的时间不容通融，房管局住保办工作人员给她最大的便利就是先将她的资料收下，以便减少审批合格的等待时间，其他也无能为力。

2. 刑满释放人员刘先生申请遇尴尬

2009 年房管局住保办接待了一位 39 岁的刘先生，刘先生是刚从监狱刑满释放回来的。22 岁时，他因触犯法律被判处有期徒刑 17 年，如今他回来发现父母亲都已过世，原住宅也已拆迁。按入狱前的户籍所在地显示，他的房子应归入拆迁范围。为了生存，他向唯一的姐姐借了钱，想靠卖菜为生，但却无力支付高额的房屋租赁费，于是他找到房管局住保办，希望能申请到廉租房，重新开始生活。工作人员小赵分析了他的情况，2009 年执行的是“家庭住房人均使用面积低于 7.5 平方米，拆迁家庭须在签订《天津市房屋拆迁补偿安置协议》（住宅房屋货币补偿）3 个月以内提出申请，且申请人和家庭成员 5 年内未出售或者转让过房产”的政策，计算面积是按“申请家庭人均现住房使用面积＝确定的申请家庭现住房使用面积÷申请租房补贴家庭人口”的标准执行。按这个标准，他只能分摊他户籍所在地的房屋面积，这样就不符合申请条件。不过，如果有两人来分摊就够条件了，也就是说他如果结婚就可以申请廉租房了。这让刘先生哭笑不得，他说：“我刚出狱，两手空空，连个房檐都没有，去哪里找跟我结婚的人啊？再说，没有个住处，想做本分人也难啊！难道你们就不能通融一下，提供给我一个改过自新的机会？”然而制度是严格的，工作人员都表示无能为力。

3. 盲人秦大爷申请租赁房补的曲折经历

秦大爷的眼睛早年失明，膝下只有两个女儿，大女儿常年在外打工，跟随秦大爷生活的二女儿是智力伤残人。秦大爷住在顶层 4 楼，由于眼盲，加上女儿智障，为了生计，他每天要手拄拐杖困难地摸索着上下楼梯多次，十分痛苦。2010 年，秦大爷第一次来到房管局住保办，想申请租房补贴，有钱换到一楼，生活方便一些。工作人员小张查询了他的情况，虽然住房面积符合要求，但秦大爷有退休金，不符合租房补贴政策。尽管小张耐心地给他讲政策，但秦大爷听后很气愤。没过几天，秦大爷又摸索着来到了房管局住保办，这次，他带来了区信访的介绍信，再次重申解决自己的困难。他愿意把自己的房子交出去，换个一楼的小房子。房管局住保办主任亲自出面给他解答政策上的限制，解释不办理的原因是他领有退休金，不符合“上年人均月收入低于800元（含）”的标准，即他人均家庭收入超出了800元，所以不能申请住房租赁补贴。由于政策限制，没人敢违规办理。

4. 追缴工作人员小王的心理烦忧

2008年天津市实施住房补贴认定条件之一是“家庭收入上年人均月收入在800元（含）以下，申请廉租住房租房补贴家庭住房困难标准人均住房使用面积9平方米（含）以下”。符合上述条件的，将给予廉租住房租房补贴，按市内六区、环城四区和滨海三区、两区三县地段的不同，每月每平方米30元、28元、23元等标准补贴。随着家庭收入的不断提高，许多享受补贴的用户收入已超过了享受条件，按规定应该停止领取补贴，但这项工作在进行中却遇到了一些阻力。

房管局住保办小王是专门负责追缴违规领取住房补贴款的工作人员，多年来他每天的任务就是不停地给那些已不符合享受住房补贴款条件的用户打电话，追缴他们违规领取的住房补贴款。每年的6月和7月是全市集中受理退款的时间，大多数受惠住户还是比较感恩且明智的，一般也都能配合政府一次性退还或分批次退还。但是，也有通知多次仍然置之不理者；还有上门催缴不开门的；或者一个电话打半小时全都是听他诉苦，说没有多余的钱退给政府的；也有电话打通后，对方一听是催还多领款项就直接挂掉的。小王说，对接听半个小时电话者，他每次都要反复诉说政策的严格，还要安慰同情对方，从国家大局来进行心理疏导；而每遇听完来意就挂电话者，小王难免会内心五味杂陈，不是滋味儿。他多次向领导提出调换工作岗位，他认为，做追缴违规领取补贴这份工作，需要有强大的心理承受能力，自己心理上已深受伤害，担心哪天承受不了会出现心理疾病。

二、新政策逐步改进

针对普遍存在的申请条件苛刻、受惠门槛过高、追缴补贴困难等问题和不足，天津市政府对住房保障政策进行了不断的改进和修订。2011年3

月出台的《天津市公共租赁住房管理办法（试行）》面向三类人群：一是市内六区、环城四区非农业户籍，取得“三补”且未租赁住房的家庭；二是上述区域家庭上年人均年收入3万元（含）以下、人均住房建筑面积12平方米（含）以下且未享受其他住房保障政策的家庭；三是经市人民政府确定的其他类型中等偏下收入住房困难家庭，包括外地来津工作的无房人员。

此后，天津市政府还相继出台了系列住房保障的优惠政策，简化了公共租赁住房申请审核程序。例如，要求区房管局在5日内完成审核换证工作；公示期也为5日；对公示有异议的，由区房管局会同有关部门在5日内进行核实。原则是“三审三公示”制，即申请者需经初审、复审、终审三关，而初审需15个工作日公示，仅这一项就耗时45天。外来打工者申请公租房则须缴满5～6年社保之后才有申请资格，而现在申请公租房，因结婚新增人员、新出生人员、支援外地建设退休（职）回津定居人员、退出现役人员、在外地上学毕业人员、离婚人员、知青及其子女、刑满释放人员迁入申请人户籍的或按政策在津新落户的，不受落户时间限制。缩短申请手续时间，提高工作效率。同时，还在2014年5月取消了对租房补贴家庭申请公租房的时限，即符合申请条件者不必再受租赁登记备案期限的限制，在租房补贴资格有效期内可自由申请公租房。

针对公租房入户服务方面，天津市公共租赁房保证金及租金管理系统于2011年4月正式上线，天津公租房住户每月仅需向建设银行天津市分行提供的“公共租赁房租金代扣卡”中存入租金，即可完成公共租赁房月租缴纳，不必每月按时到银行排队转账缴纳房租。又于2011年7月开通了市房管局和民政部门的信息共享专线，相关部门可以通过管理系统查询住房保障申请者的家庭信息，快捷地实现信息的网上流转。民政局和房管局每年定期开展的对受补贴家庭的人口、住房、收入等变动情况的年度申报核查，也可通过网络信息快速传递，方便主动通报信息，一旦发现申报者有不符合条件的，可快速停止发放补贴，及时杜绝违纪现象的发生。

三、住房保障建设规模扩大成绩斐然

2007年，天津保障住房开工4个建设项目，7282套廉租房，面积48

万平方米，2130户享受配租房。并对天津城镇内7.5平方米以下用房面积的低保和优抚家庭给予了租房补贴，共向天津市2949户家庭发放补贴1174.98万元。对2.37万户家庭、70万平方米住房进行年核减租金，共减租金684万元。2008年，提供住房保障12.9万户，为1.7万户低收入家庭提供保障补贴，为2.37万户核减租金，为3000户拆迁户提供租房补贴，提供6.23万套经济适用住房、2万套限价商品住房。2009年，新建保障住房788万平方米、11.3万套。新增848户廉租住房配租户，累计5895户享受配租资格，为6.7万户家庭发放补贴2.78亿元。安置261万平方米、3.7万套经济适用房，至此，经济适用房累计面积达707万平方米、10.2万套。2010年，新建保障性住房650万平方米、8.5万套，7.5万户家庭享受租房补贴。拆迁200万平方米危屋，安置居民4万余户。2011年，保障性住房已累计新开工1600万平方米、23.87万套，完成全年责任目标23万套的104%，提前实现2011年保障性住房开工建设目标。2012年，投入住房保障资金16.7亿元，开工新建保障性住房905万平方米、10.5万套，新增租房补贴家庭1.5万户，累计达到9.5万户，发放租房补贴4.2亿元。2013年，新建保障性住房9万套，调整部分收入准入条件，新增受益家庭1万户。2014年，新建保障房6万套，可竣工保障房7.5万套，新增"三种补贴"家庭1万户。2016年，城镇家庭住房保障覆盖面将达到35%以上。

天津市在公租房的建设和规划中，全力使保障住房建设令住户舒心满意。尽量将公租房规划在市区内，如2011年新建10万套公租房，其中有5.8万套建在南开、河西、河北等市区，3.2万套在邻近外环线的产业聚集区，1万套在滨海新区。离市中心较近的公租房受到了百姓们的高度赞扬，使低收入家庭真正享受到了政策的温暖。

为保障公租房社区交通便利，天津市2013年增设公交线，成功实现95%以上的公租房社区交通覆盖率。例如，先后在津南区双港新家园开通了公交304路、309路和682路，在华明新家园调整了公交818路和660路，在北辰区秋怡家园开通了812路和813路，在津滨大道舒畅园、好美嘉园、嘉春园开通公交819路，在津滨大道天房雅韵、昆俞家园开通817路等，为公租房住户提供了出行方便。

四、住房保障的问题和隐忧

天津住房保障仍然有不少问题与隐忧。例如，最常见的缴纳租金问题。2015 年 4 月 22 日，《天津日报》对天津市住房保障办事处工作进行积极宣传时曾写到，“对于公租房欠租家庭，协调司法部门累计划扣 250 户欠租家庭住房公积金、银行存款、租房保证金 114.8 万元支付欠缴房租”。这则消息貌似工作成就报道，但透过这些数字不难发现，成效名列全国前茅的天津公租房建设与管理工作也遇到缴纳困境，以至于不得不协调司法部门协助扣款。

同时，在全国范围内，有关保障住房建设与管理的问题也屡屡见诸报端，特别是公租房问题披露最多。例如，2014 年深圳审计报告公布，仅 2013 年底深圳市就空置 1354 套公租房；武汉市的 3000 套廉租房在建成之后空置一年没人入住；合肥市某廉租房工程建成后 4 年一直没有投入使用。2015 年 1 月 15 日，《南方都市报》报道，在东莞雅园新村廉租房抽签选房仪式上，原本 56 户的第二批选房者到场 53 户；原 5 户公租房申请者只到场 2 户。2015 年河南全省已建成的保障性住房中，有 2.66 万套空置了一年多时间；2014 年陕西建成的 91 万套保障房中有 10 万多套无人入住；广西南宁部分限价房入住率不足一成。

另外，有“全国最大的保障房社区”称号的青岛白沙湾片区，两年收到的申请不足 200 份。但 2015 年政府又将继续追建 2827 套公租房。一方面有大量的空置保障房，一方面又在继续建设保障房。

这里，我们不禁会有疑问：如此多的空置保障房无人入住，岂不是莫大的讽刺？

思考题

1. 根据天津保障住房案例，你认为公租房申请条件及审核程序有哪些不合理的地方，应如何改进？

2. 公租房和廉租房并轨运行之后，住房租金如何定位才能让公租房真正起到作用？

3. 根据上文中追缴违规补贴案例和报纸屡见住户欠缴情况，你认为缴费一卡通实施后，如何提高公租房租金追缴率？

4. 相比较天津社保房管理实施情况，国内许多城市的公租房建设为什么会遭遇空置困境？谈谈阻碍公租房建设与管理的主要症结在哪里？

5. 如何才能建立一套比较完善的公租房管理长效机制？

案例教学指导

住房保障“有保有障”

——天津住房保障制度管理分析

一、课前准备

（1）按 7～10 人一组分组，课前将《2011 年天津市经济租赁房租房补贴管理规定》《2012 年天津市基本住房保障管理办法》《2014 年天津公租房申请条件及审核程序详解》三份文件，以及前文中的天津保障住房管理中的 4 个小案例发给每一组，让参与讨论的学生对天津保障住房管理的背景和案例内容有一个深刻的理解。

（2）同时发给每组几张 4A 白纸和几只白板笔，用于记录小组讨论意见，结束时将意见归纳起来，进行要点总提炼。

（3）课前教师安排一位同学做全班各个讨论的总信息传递收录员，发给其纸和笔，注意收集各组讨论进展情况，并将讨论内容归纳分类。

二、适用对象

（1）接受“公共管理”相关课程学习的 MPA 学生、学术研究生以及从事这方面工作的人员。

（2）公共管理专业其他方向的研究生。

（3）具备一定公共管理基本知识并对行政管理学有兴趣的非专业人士、学生和实际操作者。

三、教学目标

（1）熟悉保障住房的新规定，了解目前各地区执行公租房建设与管理中遭遇的多种困境，分析部分地区公租房存在的问题根源。

（2）根据课前分发的资料，透视部分地区公租房受冷遇现象，特别是保障房大量空置现象，提出相应的解决意见。

（3）思考在公租房和廉租房并轨运行之后住房租金如何定位，以及提高住户缴纳房租积极性的对应措施。

四、要点分析

1. 保障住房的制度与内涵

（1）住房保障制度。简单说，就是在社会发展中，买不起房子的人也得保障他们有房子住。这是一个文明社会起码的目标，因为住房是人们生存的必要条件。这个制度就叫作住房保障制度。这是市场经济下政府必须提供的一个“公共产品”。

（2）住房保障的内涵。在我国社会主义市场经济条件下，有多种住房保障形式。村民在集体划分的“宅基地”上自行建房。市民则分类解决：高收入者面向市场购买商品住房；中低收入者购买经济适用住房或者购买“两限房”；最低收入者租住政府提供的廉租住房等。住房保障和失业、养老、医疗等保障都是社会保障制度的组成部分。

（3）基本理论与政策解读。1998 年我国住房保障制度有了重大突破，在全国提出了“住有所居”的目标。但要实现这一目标，单纯靠市场商品化是无法满足的。国务院于2007 年8 月出台了《关于解决城市低收入家庭住房困难的若干意见》，将“保障城市低收入家庭有住房”作为政府公共服务的重要职责之一明确地提了出来。此后，中央财政对住房保障加大了资金投入力度，由2007 年投入72 亿元到2014 年实际用于保障性安居工程支出4319.49 亿元，短短的7 年时间，用于住房保障工程的资金投入就增长了近60 倍。

（4）公租房建设管理的重要意义。公租房可以帮助那些暂时没有经济实力购买住房的家庭解决住房困难，从更高远的角度看，国家保障体系会同时偏向“非低收入群体”解决急切住房问题，这是新的理念。公租房建设的初衷是政府认可那些非传统意义上的低收入群体也需要政府的帮助，公租房通过帮助那些符合条件的人群拥有相对稳定的住房，帮助这部分人解决生活困难。

2. 案例中公租房管理的成绩与问题

按照国家大力发展公租房的要求，天津市自2011 年以来，注重在公租房项目选址、发放补贴和筹集资金等方面做好深入调查与制度创新，不断破解一个又一个难题，研究和创立了一套比较完善的公租房管理长效机制。

（1）公租房社区选址合理。在选址方面，对公租房建设地点进行前期的充分调研和论证，开展前期策划，对用户规模进行预测，选择中心城区和环城四区、滨海新区等人口密集的地方进行调查，同时对可利用土地进行分析，反复论证可行性，让公租房市场在起步时就打下稳定的基础。

（2）公租房补贴范围不断扩大。在租房补贴范围方面，天津公租房的建设速度和保障范围综合指标均名列全国榜首。这与天津市实行公租房市场化租金有一定关系，而租金的标准是在参照公租房周边市场租房价格的基础上确立的，由于市场信息捕捉及时，政府在发放不同标准的政府租房补贴时就更加准确，将市场化租金与分层次租房补贴及时结合，变“暗补”为“明补”，有利于退出机制的落实，既扩大了保障范围，又保障了住房资源的良性循环和可持续发展。

（3）社区配套设施建设不断完善。连续多年，天津市住房保障都能注重抓住中心工作，始终把配套和公共服务、绿化做到位，开展全市范围内“住房保障规范化管理年”活动，规范服务、加强管理，有力地促进了公租房和配套设施的健康发展与建设，并利用网络和科学技术加强保障房配租配售管理、完善住房保障政策、提升信息管理系统、提高便民服务水平、深化住房保障监管等，取得了明显成效。

（4）服务管理工作不断加强。天津市公租房建设与管理取得了较明显的成效，在国内有一定的积极影响。特别是政府在投入力度、整合现有保障资源方面，能按照“小户型、齐功能、高质量”的要求，突出保障重点，大力发展公租房，形成“低端有保障、中端有支持、高端有市场”的住房供应体系，在保障范围、保障性住房建设规模、群众受益户数等方面居全国前列。

尽管天津保障住房取得了明显的成绩，但仍然有不少问题与隐忧。例如，申请门槛高、申请手续办理周期长、住房补贴金额少、受惠人群十分有限、公租房社区周边配套设置不完善、社区物业服务不到位等，这些也是全国保障住房管理均存在的问题。另外，比较突出的就是前文提到的部分公租房家庭欠房租不按时缴纳的问题，以及部分公租房空置的现象。这就使我们不得不思考，如何才能在司法强制制度之外，在全面且更完善地实施保障住房管理的基础上，提高申请者的入住率和房租缴纳率的问题。

3. 天津保障住房问题原因分析

从根本原因上分析，造成天津保障住房问题的主要原因可以简单地归纳为以下两点：

（1）申请门槛高和周期长是最普遍的影响因素。这是国内多城市保障住房普遍存在的问题。例如，住房和城乡建设部2012年7月发布的《公共租赁住房管理办法》中规定，公租房的申请应符合三大条件：一是本地无住房或者住房面积低于规定标准；二是财产或收入低于规定标准；三是外来务工人员在本地稳定就业达到规定年限。这些入住资格尽管覆盖比较全面，但所定门槛较高，使许多人与公租房无缘。而具备条件者，还会因公租房数量限定而必须参加摇号排队，周期较长。从制度规定来看，从申请递交到公租房的入住，流程繁琐、耗时较长，特别是前几年，因为建成的保障房数量有限，管理上为了工作的便利限定分季度申请的方式，申请一个周期就耗时45天。倘若错过这一周期，就只能等下一轮。当然，2014年各省（区、市）的公示日均有缩短，大多由原来的15个工作日变为7个工作日。外来打工者申请公租房则须缴满5~6年社保之后才有申请资格，差几个月就必须再多等一轮，门槛很高，对外来打工者政策倾斜不够，外来打工者享受不到住房优惠。在座谈时，笔者也发现这种情况，即有人从填写申请表到搬进公租房，前后花费了将近半年的时间。其中，大学生毕业就业急用房，漫长的申请与摇号时间给其生活带来极大不便。

（2）公租房社区位置偏远和交通不便，影响了申请者的热情。很多申请者因公租房社区远离其工作地点而影响了其申请意愿，许多人为了节省通勤时间，宁愿费尽周折去租赁靠近工作单位的高租金房子。这就使人们对公租房项目的申请出现冷热不均现象。尽管整体上看公租房源处于供小于需的状况，但在部分公租房社区申请时，会因位置远而出现一定程度的遇冷局面。

4. 保障住房管理问题应对策略

（1）建立起较为完善的住房法律保障体系，使符合条件者都能得到住房权益的保障。

（2）多渠道解决保障住房问题。充分鼓励社会资金投入保障性住房的建设，使全部由政府承担变为全社会共同建设。

（3）建立保障住房基本法律的立法工作，使公租房管理从住房规划、供地、建设到保障对象申请、审核、分配、退出、监管、处罚等多方面有一整套法律解决方案。

五、课堂安排

此案例按3个学时的课堂教学设计，45分钟为一节课，3学时为三节课，共145分钟（包括课间休息2次，每次5分钟）。

要求做好课前预习，上课前三天把案例和讨论背景的三份文件发给学员阅读，让学员充分掌握信息资料。

对于本案例，教师可以在开始讨论本案例前5分钟时间里，请几位学生用简短的话来介绍自己对公租房相关政策的了解和认识。通过这种方式，教师可以了解学生对公租房的关注程度及认知程度。

本案例是思考型的案例，在讨论核心问题之前应安排不超过30分钟的分组讨论。讨论中要鼓励学生总结他们讨论的结论和建议，教师要把这些结论在白板上罗列出来，或由各小组写到各组的白纸上，教师不要直接评价他们的结论，更不要批评。如果学生们的思路比较狭窄，教师可以根据本案例中的分析要点做适当的提示和点拨，以引导讨论深入下去。

讨论的过程中，如果有学生在某些不必要的细节上纠缠不休，教师可以在合适的时机给出一些情况介绍或其他提示，说明这点不具有可比性或是不具有普遍性等，避免讨论偏差太大。

接下来的20分钟讨论将决定本次案例教学讨论的深入程度，需要教师有较强的课堂控制能力，能够带领学生沿着本案例设计的分析要点逐层深入讨论下去。

在讨论具体问题之后，教师就应该带着学生返回到核心问题上，核心问题的讨论一定要建立在课堂前半段讨论结果的基础上。可以请每组用5分钟的时间介绍自己组的结论结果。教师一定要严格控制各组介绍的时间，不能太超时，最多8分钟，可以在每组汇报到5分钟时给予提示一次，以保证有足够的时间进行进一步综合讨论。

综合讨论是以教师对各组讨论结果进行点评和小结开始的，这时的课堂气氛应该比较热烈，教师可以根据自己的授课风格，结合核心问题的相关内容自由发挥，或选择讲课、灵活选择提问，或选择集中讨论。因为需要控制时间，此时不宜再进行分组讨论。案例的后半段讨论一定要在教师的控制下进行，以保证教学目标的实现，并能够在精彩之处戛然而止，结束本课。

六、讨论分发资料

（1）2011 年天津市经济租赁房租房补贴管理规定。

（2）2012 年天津市基本住房保障管理办法。

（3）2014 年天津公租房申请条件及审核程序详解。

政府购买公共服务之天津模式

——以天津市高新区创通票为例

杨书文　孙　皓*

近年来，公共服务逐渐成为热点话题，被越来越多的人所关注。关于公共服务，最早的定义是："任何因其与社会团结的现实与促进不可分割，而必须由政府来加以规范和控制的活动，就是公共服务。"① 由此可见，公共服务与政府有着密不可分的联系。换句话说，提供公共服务是政府的重要职能，也是政府存在的合理性源泉。随着时代的发展，公共服务的作用日益突出，成为许多专家与学者研究的对象。

在当今社会，公共服务主要是由政府通过招标以及某些特定方式与企业、相关部门以及社会组织达成合作，由政府出资购买并由应标公司或是部门进行提供，这就是所谓的政府购买公共服务。随着全面建成小康社会进程的不断加快，人们的生活水平普遍提高，人们的生活需求正在由原先的吃饱穿暖的物质生活需求向更高层的精神需求转变。由此带来的不仅仅是人们对公共服务的进一步需求，还伴随着人们价值观念和思想观念的转变。公共服务在人们生活中的重要性日益凸显，越来越多的人开始关注公共服务及政府购买和提供公共服务等相关问题，如公共服务的种类、政府购买公共服务的方式以及相关公共服务的提供效率等，这对政府以及提供公共服务的服务机构提出了较高的要求。

政府购买公共服务是伴随着市场经济发展起来的，是政府服务市场化

* 杨书文，天津财经大学财税与公共管理学院副院长、MPA 教育中心主任，副教授。孙皓，天津财经大学行政管理专业研究生。

① 上海金融学院城市财政与公共管理研究所：《政府购买公共服务：理论、实务与评价》，中国财政经济出版社 2015 年版，第 4 页。

改革的产物。随着经济的发展以及时代的变革，社会公众对公共服务的需求快速增长，但现有的公共服务的提供方式已不能完全满足人们的需要。随着时间的推移，一些传统公共服务提供方式的弊端也逐渐显现出来。近年来，我国已有多所城市进行政府购买公共服务上的创新与改进，以求提高政府提供公共服务的效率和广大民众对政府工作的信任与满意程度，创新券就是其中一种方式。创新券是采用优惠券的形式赋予拥有者接触知识机构权利的一种创新工具，早在1997年，其以研发券的形式出现于荷兰林堡，用来鼓励商业机构参与到知识转移之中。如今，创新券已成为国家或区域机构支持商业创新活动的重要手段，而本案例所介绍的创通票就是创新券的一种。

天津市高新区于2015年推出创新创业通票制度，实现了在政府购买公共科技服务方式与流程上的创新。经过近几年的实践，在天津市高新区收获了不错的成效，起到了刺激天津市高新区经济社会与科技创新的发展以及提高高新科学技术的开发与应用水平的作用。

一、案例正文

1. 开端：政策号召

20世纪50年代中后期，我国逐渐确立了“百花齐放，百家争鸣”“自力更生为主，争取外援为辅”的科技指导方针。改革开放后，我国领导人以独特的战略眼光，在向中国社会主义现代化的发展道路上，不断探索，参考各国现代化进程中关于发展科学技术的政策经验，结合本国国情，提出了一整套有利于加快建设社会主义现代化进程的科技思想与政策。

2001年7月1日，江泽民同志在《在庆祝中国共产党成立80周年大会上的讲话》中提出“科学技术是第一生产力，而且是先进生产力的集中体现和主要标志”的观点，在全国掀起了一阵创新创业的热潮。2012年11月8日，在中国共产党第十八次全国代表大会上，胡锦涛同志代表十七届中央委员会向大会作《坚定不移沿着中国特色社会主义道路前进 为全面建成小康社会而奋斗》的报告中指出，“科技创新是提高社会生产力和综合国力的战略支撑，必须摆在国家发展全局的核心位置”“要坚持走中国特色自主创新道路，以全球视野谋划和推动创新，提高原始创新、集成创新和引进消化吸收再创新能力，更加注重协同创新”。逐渐确立并实施创新驱动发展战略，进一步推动科学技术尤其是高新科技的发展，提高科学技术发展成果的应用对经济与社会发展的贡献程度。

2015 年 3 月 13 日，中共中央、国务院提出《关于深化体制机制改革加快实施创新驱动发展战略的若干意见》（以下简称《意见》）指导深化体制机制改革加快实施创新驱动发展战略。《意见》指出，“要坚持需求导向，加大公共科技服务的购买和提供，着力打通科技成果向现实生产力转化的通道，让创新真正落实到创造新的增长点上，把创新成果变成实实在在的产业活动”“要坚持人才为先，更加注重培养、用好、吸引各类人才，充分保证所需公共资源的供给，强化激励机制，给予科技人员更多的利益回报和精神鼓励，充分激发全社会的创新活力”“坚持全面创新，政府充分发挥引领作用，促使企业、科研院所、高等学校等协同创新，政府还应加大对知识产权的保护力度，使创新成果得到充分保护”“到 2020 年，要基本形成适应创新驱动发展要求的制度环境和政策法律体系，为进入创新型国家行列提供有力保障”。

此外，在 2014 年 9 月的夏季达沃斯论坛上，李克强总理提出要在 960 万平方公里土地上掀起“大众创业”“草根创业”的新浪潮，形成“万众创新”“人人创新”的新态势，自此“大众创业，万众创新”（以下简称“双创”）浪潮席卷全国。2015 年 6 月 16 日，国务院办公厅出台《关于大力推进大众创业万众创新若干政策措施的意见》，将“双创”浪潮推向新的高度。正所谓“一花独放不是春，百花齐放春满园”，“双创”中有挑战更有机遇，既会滴下辛勤的汗水，也有望迎来丰收场景。①

2. 发展：不拘一格

为了响应国家有关大力发展科技、鼓励科技创新以及支持万众创业的政策号召，我国各省（区、市）纷纷根据自身的实际情况，加大对科技创新与创业项目的投入，推动科技产业的形成与发展。此外，为了响应国家关于培养科技创新型人才的号召，我国很多省（区、市）开始推行公共服

① 创通票官方网站，http：//www. chuangtongpiao. gov. cn/WebInfo/CTP_Info. aspx。

务供给结构的改革与创新，不断提高公共服务的提供质量与效率，进而激发民众对于科技创新与创业的热情。

天津是北京通往东北、华东地区铁路的交通咽喉和远洋航运的港口，有“河海要冲”和“畿辅门户”之称，是中国北方最大的沿海开放城市。近年来，天津市充分利用现有资源，打造天津特色经济产业链，极大地推动了天津经济水平的发展，其中科技发展尤其是科技创新的作用不言而喻。

2001年，天津市出台了《天津市促进科技成果转化条例》（以下简称《条例》），以促进科技创新成果应用效率的有效提高。《条例》的颁布对科技成果转化为社会生产力提出了具体的办法与规定，同时也起到了激发科技创新与创业热情、推动科技产业发展的作用。2005年根据天津市实际情况，天津市政府出台了《天津市科学技术奖励办法实施细则》，加大了政府对于科技创新的奖励力度，点燃了人民对于科技创新与创业的热情。

为了进一步规范和有效开展天津市高新技术企业认定管理工作，推动高新技术产业的快速发展，天津市政府于2008年出台《天津市高新技术企业认定管理工作的实施意见》，明确规定了高新技术企业的认定标准与流程。2011年，天津市创新提出“科技企业孵化器”理念，并出台了《天津市科技企业孵化器管理办法》，进一步促进科技成果转化为生产力以及高新技术企业和科技服务机构的培养。2014年，天津市进一步出台了《天津市技术先进型服务企业认定管理办法》，规范并有效地在天津市开展技术先进型服务企业认定与管理工作，推动技术先进型服务企业快速发展。

为了给高新技术的发展和创新营造一个良好的环境，进一步刺激高新技术领域的创新与创业，天津市政府于2014年颁布《天津市市级高新技术产业开发区认定管理办法》，开始着手打造市级高新技术产业开发区。为了响应国家关于促进科学技术发展的号召，2015年2月26日，致力于打造京津冀科技干线新节点的天津国家自主创新示范区在天津滨海高新技术产业开发区揭牌。这是天津市打造高新技术创新产业链，吸引高新技术人才与创业者齐聚天津的创新举措。2015年12月24日，科技部正式印发《天津国家自主创新示范区发展规划纲要（2015—2020年）》，其中明确指出未来天津国家自主创新示范区要建设成为创新主体集聚区、产业发展先导区、转型升级引领区和开放创新示范区的国务院定位，到2020年天津示范区实现总收入6万亿元，产业竞争力得到显著提升，创新创业主体高度聚集，创新创业环境进一步优化，开放式创新形成新局面。

3. 高潮：风雨将至

就在天津市着手打造市级高新技术产业开发区以及国家自主创新示范区的过程中，一些问题日益显现。这些问题主要是由于高新科技的快速发展与现今公共资源的不合理配置之间的矛盾所导致的，对天津市高新科技的正常发展以及进一步激发民众的创新与创业热情造成了不利影响。

天津市大力发展科技的相关政策虽然收获了一定的效果，科技创新数量明显增多，但仍存在着发展速度不稳定、增长泡沫重以及高新科技力量发展缓慢等问题，说明天津市在发展科技的道路上还有很长的路要走。

与此同时，随着改革开放进程的不断加快，人民的生活得到了显著的改善，导致了人们对公共服务日益增长的多样化需求，这对我国公共服务的提供质量与效率提出了更高的要求。对于天津市高新区来说，促进科技水平的提高往往需要政府加强对科技创新成果的保护与利用。此外，为了进一步鼓励科技创新与创业、吸引创新型人才，也需要政府加大资源配置力度，加强高校和科研机构间的协同创新以及对创业者的支持与帮扶力度，提供相关优惠政策进行扶持等。但天津市高新区政府对于公共科技服务的购买与提供并不能完全满足其高新科技发展和广大创业者的需要。

天津市高新区之前大多采用合同委托的传统方式来进行公共科技服务的提供，也就是通过各级科技主管部门经招标或是谈判的方式与科技服务机构订立合同，进而由科技服务机构完成相应的科技服务项目，之后再由政府向相关机构转移资金的方式。但随着“大众创业，万众创新”在天津市高新区的进一步推广，传统的合同委托方式的弊端逐渐暴露出来。第一，科技服务机构招标的标准无法满足现今高新科技发展的需要。现今科技的发展更多的涉及高新科技及某些特殊领域，原有的标准却没有涉及这些领域。第二，过程较为繁琐，历时较长。传统的科技服务提供方式往往会经历很长的时间，而“漫长的等待时间”让多数科技服务机构觉得在服务提供过程中的资金支付与兑现上存在时间差，会对资金的回收以及企业正常经营决策的制定产生不利影响。此外，在这期间难以确保不会发生类似于政策突变或是其他突发情况而造成的严重损失。第三，对于服务提供质量的评估方式与标准不统一。由于个别科技服务的受众较多、范围较广，评估方式难以统一，而且不同地区或是服务间的差异较大，所以难以统一服务提供质量的评估标准。

根据搜狐网的报道，截至2016年，天津滨海高新区的企业达到1.2万家，其中大部分都是科技型中小企业。它们在融资、知识产权保护、人才招聘、开拓市场以及政策兑现上存在诸多困难。此外，目前政府在检验相关机构所提供的科技服务的质量与效果上并没有固定的方式以及标准，这也是亟待解决的问题。由此可见，推动政府购买与提供公共科技服务的改革工作在天津市高新区已势在必行。

4. 结局：柳暗花明

2015年1月，国务院办公厅出台《关于发展众创空间推进大众创新创业的指导意见》指出："要综合运用各种手段，推进'双创'的进程。"近几年来，科技创新券在我国很多城市得到了实践，如宿迁市等，总结出了很多可取的经验，也获得了国家政策的认可。2016年，国务院进一步下发《众创指导意见》，明确提出："要探索创业券、创新券等公共服务新模式。"[①] 为了解决前文提到的高新区建立后科技服务提供上的问题，天津市在综合考量多方情况后创新推出创新创业通票制度。

为深入实施创新驱动发展战略，适应经济发展新常态，进一步激发市场活力，加快推进天津国家自主创新示范区建设，2015年6月，天津高新区管委会决定实施创新创业通票制度，以创新政府服务科技型中小微企业发展新模式，打造"一票在手，创业无忧"的创新创业生态系统，支持大众创业万众创新，促进科技型中小微企业迅速做大做强。

创通票是为鼓励支持和更好地服务"大众创业，万众创新"而设计发行的一种针对特定科技服务的定额有价电子编码，通过"创通票互联网管理系统"实现创通票的可流转、可兑现。"创通票编码"与申请企业或个人、服务包（针对某种创新创业行为的专项服务，由政府向能够提供专项服务的第三方机构购买，免费提供给创新者和创业者）以及达成的效果一

① 江永清：《我国地方政府购买服务支持大众创新创业的实践模式比较》，载于《中国行政管理》2018年第7期，第12页。

一对应，创通票的管理与使用遵循公开普惠、自主申领、专款专用的原则，不得拆分、转让、买卖和抵押。① 目前创通票系统包含有以下服务包：初创服务包、高新技术企业服务包、知识产权服务包、分析测试服务包、新三板挂牌服务包与新四板服务包，并且仍在不断完善和更新中。

初创服务包主要包括小秘书服务、入驻创新创业载体时的租金费用等，主要目的是联合众创空间为创业者提供创业初始帮助等服务；高新技术企业服务包是指企业通过创通票管理系统申请到创通票，通过在线使用创通票，完成与中介服务机构的在线签约。服务机构为签约企业提供国家高新技术企业申报到颁发证书一整套体系化的服务，它包括材料的编写、知识产权、科技成果转化证明材料、审计等纸质材料，以及国家高新技术企业认定管理工作网上的线上注册和填报、评审、公示、备案等环节的跟踪。服务完成后，经企业同意，中介机构通过创通票向银行进行兑换服务费用；知识产权服务包是指知识产权申请企业通过创通票管理系统领取创通票，与知识产权服务机构完成线上签约，并通过创通票支付知识产权服务费用；分析测试服务包，主要用于仪器设备使用、技术检测和分析测试等服务费；新三板挂牌服务包，主要包括企业通过创通票新三板服务包支付新三板上市的基本费用，主要是主办券商、会计师事务所、律师事务所的费用；创通票新四板服务包是指天津高新区采用“政府购买”的模式，解决了企业挂牌费用，让企业享受高品质政府补贴服务的同时，也能更有效地引导中介机构提高服务质量，分为成长板、科技板、创新板和众创板。创通票各个服务包具体的标准与规定以《实施细则》为准。②

创通票推行后，企业凭票选择服务机构，并在服务完成后进行确认和评价并选择允许兑现，随后服务机构提交创通票兑现申请，通过系统验证后，政府合作银行再将兑现资金拨付给服务机构。然而，创通票所需的投入并非额外开支，而是将现行政策中的企业先垫资、财政后补贴方式，调整为先由第三方机构垫付、再由合作银行兑现的新方式，使政策落地实现了“零时差”。③

5. 尾声：余音绕梁

自从 2015 年 6 月天津市高新区推出“一票在手，创业无忧”的创通

①② 创通票官方网站，http：//www. chuangtongpiao. gov. cn/WebInfo/CTP_Info. aspx。

③ 王萌萌：《天津高新区：以创通票破解双创难题》，载于新华网，2016 年 3 月 11 日。

票制度以来，截至2017年6月底，天津高新区共发放5035张创通票。促进高新区企业专利申请新增近2.5万件；新增高新技术企业483家；新增新三板挂牌企业50家；激励60多家企业在新四板的创新板和创业板准备挂牌；同时，汇聚各类优质服务机构达460家。[①] 创通票在天津市高新区的流通实践收获了良好的效果。

根据创通票官方网站给出的数据，创通票制度运转以来，天津市高新区每年新认定的国家高新技术企业是实施前的5倍，新增专利申请数量是实施前的3倍，企业贯标认证数量是全市2014年前实施推动贯标工作总量的10倍，新增新三板企业34家，新增新四板企业216家。

此外，创通票在实践中形成了方便性、安全性、合理性、高信誉性、高保障性等特点，其1.0操作平台简单实用，方便申领者们进行网上申领，逐渐被越来越多的人所接受。但其为了充实了自身，在实践中不断完善自身，研发出了2.0系统，使创通票申领平台变得界面更美观、层次更清楚、性能更出众、响应更快速、体验更友好、功能更丰富。2.0系统新增了客服问答、企业徽章、机构评级与评价以及大数据分析检察系统等功能，其中较为亮眼的是后两者。在2.0系统中，创通票公司会从多维度对第三方公共服务提供机构进行评级与评价，申领者也可以根据自身的感觉对服务提供机构进行评价，这些都会为后来的申领者提供便利。更重要的是，2.0系统采用了先进的大数据分析检查系统，全面且系统地展示出了相关专业数据的变化，为政府制定进一步的政策提供了依据，起到了提高政府工作效率、提升政府公信度的作用，也有利于帮助政府塑造一个全心全意为人民服务的服务型政府形象。

二、案例分析报告

1. 从产生背景角度分析

创通票产生的背景主要有两方面：一是在天津市高新区，政府对公共科技服务的购买与提供不能完全满足广大创业者和企业的需要，政府购买公共

① 《培植创新创业沃土 天津科技型企业走向世界》，载于《天津日报》，2017年9月6日。

科技服务体制的改革势在必行；二是创新券在我国部分城市得到了实践，如宿迁市、杭州市等，总结出了很多可取的经验，也获得了国家政策的认可。

创新券具体来讲是政府向企业、创业者无偿发放，用于向科技服务机构购买技术创新服务，自主开展技术创新活动的制度安排。① 其基本工作流程如图 1 所示。

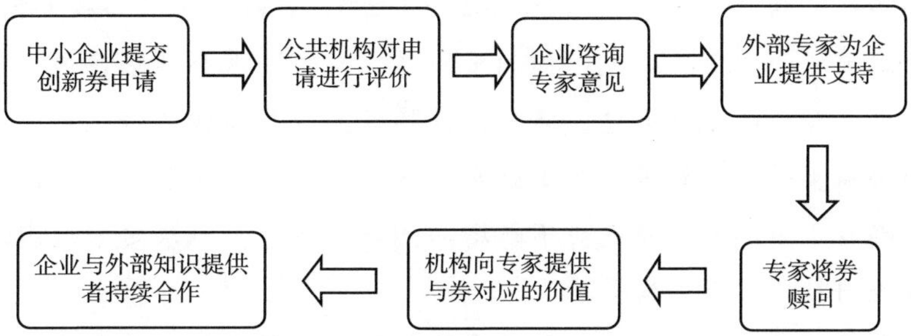

图 1　创新券的基本工作流程

资料来源：张贵红、朱悦、朱金鑫：《发达国家或地区创新券制度分析》，载于《科技进步与对策》2014 年第 12 期，第 120 页。

南京财经大学公共管理学院江永清副教授在对现今创新券的实践情况与我国地方政府购买公共服务的情况进行归纳后指出："目前我国地方政府购买公共服务支持大众创新创业的模式主要有三种。一是科技创新券购买服务支持创新创业模式。主要由科技与财政部门主管，利用科技预算资金构建科技网络平台，针对科技型中小企业和创客团队，由经过高校与科研院所评估认定后进入目录的服务机构提供科技类服务。二是中小微企业服务券模式。主要由工信与财政部门主管，利用示范基地基金、产业转型基金、中小企业发展基金、产业引导基金等资金通过中小企业服务中心等部门，由符合要求的服务机构针对符合要求的中小微企业提供公益类服务。三是创新创业券混合模式。这是由创新创业券管理委员会主管，整合相关资金，通过申领平台由符合要求的服务机构针对小微企业、科技类企业与创客团队提供科技与公益类服务。"② 其中，创新创业券混合模式的申

① 陈盼、赵志娟、俞云峰：《国内创新券的研究综述及展望》，载于《江苏科技信息》2018 年第 10 期，第 5 页。

② 江永清：《我国地方政府购买服务支持大众创新创业的实践模式比较》，载于《中国行政管理》2018 年第 7 期，第 13 ~ 17 页。

领过程需要先由企业或创客团队进行申请并提交资料，经主管部门审核后发放并进行管理，对服务质量进行评估后再由服务机构申请进行兑现。

综上所述，创通票制度是创新创业券混合模式的一种，主要以由高新区政府科技等部门牵头成立的创通票科技有限公司为主管部门，通过创通票网上申领平台进行创通票的申领。创通票制度可以由创通票公司管理，使网上申领平台正常运转，并不需要政府过多干预。在提供服务内容上，创通票目前包含以下服务包：初创服务包、高新技术企业服务包、知识产权服务包、分析测试服务包、新三板挂牌服务包与新四板服务包，涵盖了科技与公益类的多种服务，为小微企业与创客团队提供了较为全面的科技服务。在其未来的发展中也会不断增加相关服务包，以求更好地满足中小微企业与科技创业者的需要。

在管理规范与要求方面，创通票的管理与使用遵循公开普惠、自主申领、专款专用的原则，不得拆分、转让、买卖和抵押，符合创新创业券混合模式的规范与要求。在流通过程方面，创通票制度也符合创新创业券混合模式的运转过程与规范要求。创通票的设计思路大致是利用政府在广大人民群众以及众多企业之间的信用做保证，由政府购买科技服务机构的服务，之后由科技服务机构与企业市场化行为来自动形成合作，获得了相应的成果之后由科技服务机构向银行申请兑现，最后再由政府进行结算（见图2）。

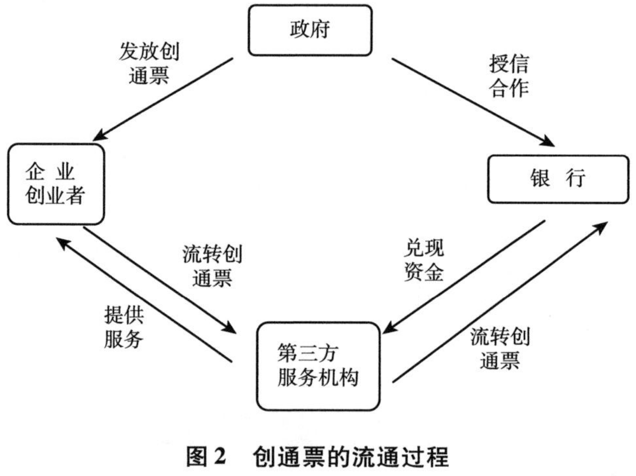

图2 创通票的流通过程

资料来源：作者参考创通票流通过程自制。

2. 从创新举措角度分析

创通票在遵循基本理论知识的基础上，借助互联网等信息技术工具，改变了高新区公共科技服务的购买方式，实现了政府在购买公共科技服务上的创新。此外，创通票制度节省了大量时间，避免了因漫长的等待时间而导致的问题与损失，使政策落地实现了“零时差”，推动了政府服务体制进一步改革创新。

(1) “互联网 + 政务”相关理论及本案例中的应用。

党的十八届三中全会明确了深化改革的总目标，推进国家治理体系和治理能力的现代化成为深化改革的重要内容。互联网技术的发展为治理工具现代化的发展创造了条件，“互联网 + 政务”这一新理念应运而生。

“互联网 +”主要是指对互联网技术的进一步应用，依托信息通信技术，实现互联网与工业、商业、金融业等传统产业模式相融合，以达到融合创新发展的目的。“互联网 + 政务”通俗来讲就是互联网技术与政府政务的结合；具体来讲就是政府充分运用信息通信技术，与政府政务工作进行融合创新，进而提升运作效率、服务能力与公众满意度。一方面，互联网技术不断发展，为“互联网 +”以及电子政务的发展提供了技术支持；另一方面，通过与互联网技术的融合创新，提高了政府工作的效率，也提升了公众的满意度。

本案例中创通票的流通与实践就很好地运用了互联网这一新型工具。其一，创通票从申领到兑现的全部过程都是在网上进行的。据工作人员介绍，创通票的整个流通过程在网上进行，减少了现实工作中的某些环节，提高了工作效率。其二，创通票科技有限公司十分重视申领系统的维护与升级。创通票自 2015 年开始发行，根据初期的实践效果反馈，创通票公司创建了 V1.0 系统，基本满足了创通票的初期使用需求。2018 年下半年，创通票公司新研发的 V2.0 系统上线，采用了先进的大数据分析检查系统，全面且系统地展示出了相关专业数据的变化，为政府政策的制定提供了依据，将创通票的使用情况与政府服务体制的改革创新以及政府的科学决策相联系，升华了创通票的实用价值。其三，创通票注重利用新兴的自媒体工具。创通票在流通过程中逐渐上线手机 App 版本，进一步方便了用户使用。此外，创通票还借助微信公众号等自媒体工具进行宣传与推广，提高了知名度与使用效率。

（2）政府购买公共服务相关理论及本案例中的应用。在我国，对政府购买公共服务的内涵研究尚没有形成统一的认识。通俗来讲，政府购买公共服务，又名公共服务外包，是指政府将原本生产服务的职能，通过公开招标、定向委托等形式转移给社会组织或私人部门，社会组织或私人部门按照契约化的标准向公众提供相应服务，政府支付相应的资金，以满足公众多样化需求，实现公共服务水平不断提升、更好满足社会公众多元化需求的新型服务体系。①

现有的政府购买科技服务主要有合同委托、项目补偿以及经费补贴三种方式。合同委托指的是各级科技主管部门通过招标或谈判的方式与科技服务机构订立服务合同，形成一种契约关系。项目申请指的是政府科技主管部门作为科技服务的购买者根据实际需要设计专项项目，向附属科技服务机构下发通知，而科技服务机构根据项目要求申报项目以提供服务。此外，科技服务机构也可以根据需要主动提出项目申请，政府科技主管部门经评审以立项方式予以支持。政府补贴是指对兼顾或义务提供科技服务的社会力量，政府通过给予资金支持来降低特定科技服务的价格，从而使消费者具备购买能力或弥补特定社会力量的生产成本，提高其提供科技服务的水平和能力。②

具体来讲，创通票改变了政府在传统合同委托方式中的角色与定位，实现了有关政府在公共科技服务购买上的“后出手”和“放权”的创新。

“后出手”是指在创通票制度的运转过程中，政府只需在应对突发情况或是严重情况时“出手”，除此之外不需要过多的干预。而在以往的方式中，政府贯穿整个科技服务提供的过程，扮演着主导或是领导者的角色。政府需要组织相应的服务提供机构与企业竞标或是对其进行甄别，由最为合适的机构或企业进行公共服务的提供。此外，政府还要对公共服务提供的效率以及质量等情况进行监督以及查验，最后再由政府授信银行进行资金的结算。但是，创通票的整个运转过程都是在互联网上自主进行的，运转正常的话并不需要政府进行干预，这也就形成了所谓的“后出

① 付余晶：《我国政府购买公共服务的实践研究》，吉林建筑大学硕士学位论文，2016年。

② 张宏丽：《我国政府购买科技服务的需求与路径探析》，载于《科技创新》2016年第1期，第62~63页。

手”创新。

“放权”是指在创通票制度运转过程中，政府将政府购买公共科技服务中的一些权力下放给创通票公司、申领者及服务机构。“放权”并不是指政府无论任何权力都可以下放，而是有的放矢地进行权力的下放，最终的决策权与主导权还是由政府掌控。例如，将原来由政府进行招标选定科技服务提供机构的权力下放给创通票公司，由其根据一定标准选定科技服务提供机构；将政府决定何时提供何种科技服务的方式转变为由申领者登陆创通票的官网直接选择所需类型的创通票进行申领；在公共科技服务提供完成之后，由申领者根据服务提供情况和自己是否满意来决定是否兑现，而不是由政府牵头主持相关评定工作。

创通票制度在遵循政府购买公共服务等公共管理相关理论知识的基础上，实现了政府购买公共科技服务上的创新，降低了政府的工作成本，起到了提高政府工作效率以及推动政府服务体制进一步改革创新的作用。

3. 从未来发展角度分析

创通票虽然收获了较为不错的成效，但在未来的发展中仍需进一步增强自身的实用价值与存在合理性，为将来的发展与推广打下坚实基础。近年来，创通票利用政策群与包容性创新等理论知识，不断完善自身，并向全天津乃至全国进行推广。

（1）政策群相关理论及本案例中的应用。我国专家与学者对于政策群提出的最早定义是：“政策群既非单个政策的简单相加，又非政策数量的一般累积，它是国家在一定时期之内所实施的内容不同但产出理念同源、导向相近的一组政策的集合体。”①

近年来，很多专家学者对政策群的相关理论进行了进一步的阐述。通俗来讲，政策群是政府系统在特定时期内制定并实施的理念同源、导向相同，但内容各有侧重的一组政策集合体。② 对于政策群的理解，要注意把握政策群中各项政策间的相互影响、相互制约和相互作用。因为政策群是

① 张勤：《当代中国的政策群：概念提出和特质分析》，载于《北京行政学院学报》2000年第1期，第13~14页。

② 薛立强：《政策群理论及其应用——以“十一五”期间成功关停小火电为例》，载于《理论与改革》2011年第6期，第91~92页。

由多项政策构成的集合体，其中的各项政策都不是孤立存在的。而公共问题的影响及解决方法往往也涉及多个方面，所以要充分发挥政策群的作用以及其中各项政策间的联系，制造良性的连锁反应。

创通票虽然是一项创新，但是充分利用了政策群的相关知识，增强了自身的合理性。其制定了较为合理的政策，而这些政策在认真贯彻党和国家大的基本政策的前提下，与国家、天津市以及高新区政府所制定的政策一起构成了一个稳定运行的政策群。这些政策之间联系密切、相辅相成。在具体执行上，它们系统安排、协调运作，虽然在内容上各有侧重，但是目标相同，起到了“1+1>2”的效果。例如，创通票制度对于高新科技创业者以及知识产权保护层面有单独规定；另外，创通票对于科技服务机构的筛选与考察有着明确和严格的规定，其对科技服务的提供质量与效率也有着人性化的考察方式与标准。这些与国家推进“双创”进程的政策、天津市建立高新技术开发区，以及支持高新科技创新与创业的相关政策构成了一个各有侧重但目标相同的政策群。

（2）包容性创新相关理论及本案例中的应用。所谓包容性创新是指一种通过将社会底层人群纳入创新系统，建立“自上而下”与“自下而上”相结合的兼容并包的创新体系，减少社会排斥，实现利益共享的社会机制。① 通俗来讲，就是创新中要有针对低收入或是特定弱势群体的特殊需求而设计的要素，从而使创新成果更好地造福社会。

包容性创新提出了“金字塔底层战略”，倡导要面向社会底层群体设计创新思路。在政府购买公共服务方面，面对我国社会存在的发展不平衡现象以及社会底层群体面临的创新规模小且难以正常进展、知识产权保护意识缺失以及市场信息不对等的情况，包容性创新倡导政府要用公共政策介入公共服务的购买过程，构造一个包容性创新系统，并完善相关基础设施的建设。

创通票制度在近几年的发展中针对存在困难的企业和创业者制定了相关优惠政策，同时不断完善与增加服务包内容。例如，完善初创服务包，加大对创业者的帮扶力度；增加新四板服务包，不断满足申领者们的多样

① 赵武、孙永康、朱明宣等：《包容性创新与政府购买公共服务融合机制研究——基于契约化视角》，载于《科技进步与对策》2015年第2期，第130页。

化需求。此外，V2.0系统投入使用，扩展出了新的功能。但要想在全国进行推广的话，还需要针对不同的使用情况设计不同的服务包和政策规定等创新要素，进一步向包容性创新发展，增强其实用价值与适应能力。

三、结语

经过近几年的实践与发展，创通票制度与天津市建设高新技术开发区、大力发展高新科技的政策方针相辅相成，在社会中掀起了一股全民创新与创业的浪潮，推动了高新区经济与社会的进一步发展。另外，创通票实现了科技服务的良好提供，提高了政府的工作效率，有利于服务型政府的建设。此外，创通票推动了天津市政府服务体制的进一步改革优化，促进了政府政务质量与效率的提高。综上所述，创通票制度作为政府购买公共科技服务上的创新，在天津市高新区的实践证明了其具有较高的实用价值，值得向全国进行宣传推广。

思考题

1. 创通票制度是在什么样的契机和背景下产生的？你认为什么样的环境适合政府服务体制的改革与创新？

2. 你认为创通票制度具有哪些创新举措？你如何评价这些创新举措？

3. 你认为高新区政府还可以采用哪些措施推动科技的创新与发展？你如何看待创通票制度的未来发展前景？

案例教学指导

政府购买公共服务之天津模式

——以天津市高新区创通票为例

一、课前准备

1. 人员组织

（1）自主预习。案例正式讨论前1～2周，要求学生做预习，自主研读案例，通过网络和各大媒体平台了解关于政府购买公共科技服务和相关政策的热点话题，并对政府购买公共科技服务的相关法律法规做一定程度的了解，针对案例思考题有自己的见解，熟悉整个事件的发展脉络。

（2）分组讨论。依据学生人数分成4～6人组，针对自主预习内容展开小组讨论，并通过PPT展示小组讨论成果，在各小组讨论后再进行全班分享与讨论。

2. 物品准备

要求学生提前准备纸笔，用于书写讨论意见、记录其他小组成员讨论成果，便于案例总结。

3. 教学环境

（1）多媒体教学设备，用于投放小组PPT和案例调研过程中的现场照片、视频等素材。

（2）课前将桌椅重新摆放，形成同心圆，学生以“圈”形坐好，并于中间进行展示。

二、适用对象

本案例为创新政府购买公共科技服务模式的案例，可用于公共管理、公共政策、政府治理等相关课程的教学活动。适用对象包括MPA学生、公共管理学术型研究生与发改局、科技局、财政局等政府部门工作人员，以及具备公共管理相关知识并对政府购买公共科技服务等领域感兴趣的高校教师和研究员。

三、教学目标

随着我国现阶段社会主要矛盾的变化，公共科技服务提供的结构性供需失衡不断凸显，人民对于公共科技服务的需求日益多样化，如何使学生结合自身所学专业和实践经验，分析当前民众对公共服务需求的满足程度，基于案例回顾、总结在天津市高新区所推出的创通票框架下，政府、企业、第三方公共科技服务提供单位以及创业者等多元化组织在政府购买公共科技服务过程中的协调与整合，并进一步探讨该案例的主要特点和优势，系统研究、分析传统模式的局限性，在创通票制度的思路下，分析其对我国政府购买公共科技服务方面的意义和价值，为激发创业热情和刺激高新技术企业的发展提供参考性建议，从而培养学生运用理论工具解决实际问题的能力，是本案例教学的最终目标。具体教学目标如下：

（1）通过案例让学生了解创通票制度的发展历程和流通思路，引导学生分析天津市高新区政府创新政府购买公共科技服务方式的目的、背景及意义，总结面对人们日益增长的对公共科技服务的需求，天津市高新区政府在如何较好地提供公共科技服务等方面的成功经验以及存在的问题和困境。

（2）在分析天津市高新区创通票制度的基础上，引导学生对创通票做进一步思考：向学生们介绍创通票所实现的关于政府购买公共科技服务方式上的“后出手”和“放权”等创新，以此引发学生就高新区政府购买公共科技服务的创新展开讨论；天津市高新区政府所创新的创通票如何在全国范围内推广；“后出手”和“放权”的创新对于我国政府购买公共科技服务方式的改革带来了哪些影响和启示；如果我国其他地方政府借鉴创通票这项政府购买公共科技服务上的创新，应该怎样更好地结合地方特色，在政策制定、执行中创新公共科技服务的购买与提供模式？

（3）在整个案例分析的基础上，希望学生透过现象看本质，以分析天津市高新区创通票制度以及“后出手”和“放权”的创新为基础，深入考虑服务型政府的建设和政府职能的优化问题，探讨政府在未来购买公共科技服务过程中如何才能更好地处理政府、服务需求者及服务提供者之间的利益冲突关系，等等。

四、教学内容及要点分析

本案例讲述了天津市高新区政府在政府购买公共科技服务方面创新推出的创通票制度，创通票的使用是天津市高新区政府在公共科技服务建设史上的重要里程碑，对推动高新区经济的高速发展和政府购买公共服务体系的建设意义重大。创通票制度创新构建了以实际需求为导向、以创通票和创通票运转平台为治理手段的新模式，深度契合公共管理领域中的相关治理理论。本案例通过对创通票这一项在政府购买公共科技服务方式上的创新的叙述，介绍了创通票的含义、流通规则、实践效果以及对其的进一步思考。通过对本案例的分析与研究，也可以揭示出其所实现的“后出手”和“放权”等创新的含义、特点、如何推广以及实践中产生何种作用等。通过本案例引导学生利用学习的公共管理、公共政策等知识，思考我国政府购买公共科技服务模式创新的机遇和挑战。

1. 掌握政策发展脉络，了解现今政府购买公共科技服务的形式

本案例的正文部分清楚地概述了现今天津市高新区有关公共科技服务的提供情况以及创通票的产生及发展过程，介绍了国家及天津市为发展科技和鼓励科技创新而出台的相关政策。此外，让学生理顺政府购买公共科技服务各主体间的关系是宏观了解创通票制度的基础。

2. 夯实公共管理理论，掌握理论联系实际的研究方法

公共管理案例的研究不能离开实际而空谈理论，也不能离开理论空讲故事，教师要在案例教学中将公共管理理论知识贯穿其中。在了解创通票所实现的创新以及创通票实际运转的效果之后，也要对创通票制度的应用所带来的实际效果进行反思。

在本案例中，学生应了解创通票所实现的创新究竟是怎样实现的；这些创新运用了哪些政府购买公共服务的理论；政府“后出手”和“放权”等创新的含义及实用价值；对于天津市高新区所做的创新在具体的实践中还存在哪些问题；如何理解和缓和政府、服务需求者以及服务提供者之间的利益冲突关系等。

3. 总结政策推广意义，切实论证创通票制度的可复制与可推广性

本案例在实现教学目标的基础上，介绍了创通票的社会价值和政策的可推广性，学生学习本案例的目的除了夯实对公共管理理论知识的了解之

外，还要了解天津市高新区政府在政府购买公共科技服务方面进行创新所带来的成功经验。创通票实现了有关政府购买公共科技服务的创新，这对天津市高新区的经济与社会的发展有很大的促进作用，对全民创新创业浪潮以及高新技术产业的发展也有极大的推动作用。

（1）以遵循公共管理相关理论知识为基础。创通票的产生与发展并没有违背公共管理的相关理论知识，而是以现有的理论为基础进行政府购买公共科技服务的创新。从其产生背景角度来说，创通票属于目前我国地方政府购买公共服务支持大众创新创业三种模式中的创新创业券混合模式，将创新券与政府购买公共服务相结合；从创新举措角度来说，创通票充分利用互联网等信息技术工具，实现了政府购买公共科技服务上的“后出手”和“放权”的创新；从未来发展的角度分析，创通票结合政策群及包容性创新等理论，在自身的发展过程中不断完善自身，提升自身合理性。

（2）依托天津市高新区，充分与实际相结合。创通票充分分析与研究了天津市高新区旧有的政府购买公共科技服务的实际情况，在实践中形成了方便性、安全性、合理性、高信誉性、高保障性等特点，其1.0操作平台简单实用，方便申领者们进行网上申领，逐渐为人们所接受。其不断充实自身，在实践中边发现问题边解决问题，研发出了2.0系统，使创通票申领平台的界面更美观、层次更清楚、性能更出众、响应更快速、体验更友好、功能更丰富。

五、教学安排

该案例的教学课堂安排大约90分钟。

（1）课前30分钟讲授基础知识，包括政府购买、政府购买公共科技服务的法律法规、我国当前政府购买公共科技服务的发展现状以及全国其他地区的创新举措作为理论铺垫。

（2）上课之前安排学生提前阅读案例内容，并根据自己的理解写案例笔记。在讲述完基础知识以后，将思考题布置给各小组，针对问题，让小组展开讨论，并详细记录讨论内容，此阶段课堂安排约为20分钟。学生在讨论过程中，教师要鼓励其采用“头脑风暴”的方法，鼓励每个人表达自己的观点，不否定、不打断别人表述意见。各小组应在自由讨论结束前5分钟梳理小组观点，为全班交流做准备。

（3）全班讨论时间为 30 分钟，每个小组派代表进行发言，并对案例做进一步的总结发言，提出建设性的看法和意见，鼓励学生针对讨论过程中出现的问题做进一步学习和探究。在全班讨论过程中，学生代表应当做好记录和录音，课下分享给学生，以便课后梳理细节，并在未来继续学习。

（4）全班讨论结束后，教师有 10 分钟的时间进行总结，并对各小组表达的内容和语言加以评价，为学生未来的学习和实践筑就信心。

六、补充材料及其他

教师可以搜寻与创通票及政府购买公共科技服务等领域相关的资料、视频等，给予学生更加深刻、直观的感受，必要时可配备录音设备等教学助手。

和谐社区炼成记

——打响“村改居”社区管理攻坚战

张进昌　杨　鑫*

近年来，天津市抢抓机遇全面发展，在高速发展期各项社会事业均取得较好成绩。伴随着城市化进程的不断加快，居民生活水平快速提升，津郊农民生活也发生了天翻地覆的变化，曾经位于城乡接合部的村落在城市化的推进下逐渐成为中心城区的一部分。为积极探索统筹城乡发展之路，天津市各郊区逐步推行“村改居”社区管理创新工作。“村改居”后，原来的村民转变为了市民，原来的村民委员会建制转变为城市社区居民委员会建制，根据我国《中华人民共和国村民组织法》和《中华人民共和国城市居民委员会组织法》的规定，村委会和居委会在组织属性、社会管理职能、运作模式等方面存在巨大差异。“村改居”后社区公共服务的功能凸显，并且由向原住民提供服务拓展为向社区全体居民提供服务。“村改居”社区处理的公共事务与公共服务日益复杂，社区居民的需求日益增加并呈多元化趋势，新居民对社区社会服务需求的层次越来越多、数量越来越大、质量越来越高；而在现实中，却因为各种原因无法提供充足有效的社区公共服务来满足居民的需求，造成各种问题，给建设和谐社会带来难题。“村改居”社区公共服务供给的质量直接影响着社区居民物质文化与精神文化需要的满足、社区居民参与社区活动积极性的提高，以及社区居民归宿感、认同感和凝聚力的增强。因此，如何提高“村改居”社区公共服务的供给水平，解决社区公共服务供给中存在的问题，是一个亟待解决的课题。

---

* 张进昌，天津财经大学财税与公共管理学院，教授。杨鑫，天津市津南区委组织部科员。

一、“村改居”社区管理初期乱象

A社区配套设施完善，社区功能室健全，小桥流水绿树环荫，居住环境温馨宜人。可是，在还迁后的一年内，社区各类问题层出不穷，这使新上任的社区主任张主任十分头疼。让她困惑不已的是，父老乡亲终于住上了高楼大厦，而且社区配套设施完善，这本是天大的喜事，怎么还会出现这么多问题呢？让人百思不得其解。

1. 高空抛物酿惨剧

2014年10月，A社区居民周某在晚饭后回家的途中从11号楼经过，突然间被从天而降的一个黑色垃圾袋砸中头部，整个人身上全是生活垃圾，她顿时感到头部眩晕，一阵阵恶心，并出现了呕吐现象。见此情况，周围的好心人立即将周某送往附近医院。经检查鉴定，周某头部有轻微脑震荡现象，头皮也被砸破并缝了7针。事后，周某的丈夫张某找到A社区物业，物业公司表示因为砸到周某的是人为扔出的垃圾袋，所以不在物业管理范围之内，由于事件发生区域并没有装配监视摄像头，所以也没有办法判定到底是哪一户居民扔出的垃圾袋，并建议张某联系公安机关。而张某在跟所谓“专业”的朋友咨询后得知，这种事件由于并没有直接证据来证明到底是何人所为，张某如果想要维权，只能向11号楼所有的住户发出起诉申请。而即使法院判决下来，执行起来也并不容易。张某回家后自己仔细地分析了一下，按照自己的想法，肯定不会有人主动出来承担责任，而对整个11号楼的居民进行起诉也并不现实，物业公司也表示不参与此事，张某只能有苦难言了。高空抛物看似一时省事，事实结果却是造成社区居民承受身体折磨和经济损失，此类事件实在不应发生。

2. 乱扔垃圾环境差

社区刚刚入住时，小桥流水、绿树环荫、桂花飘香、芳草青青。伴随着时间的推移，逐渐暴露出社区管理的弱点。居民四处乱扔垃圾、随意践踏草坪、自摘鲜花回家养；每逢夏季社区里恶臭不断、蚊虫颇多，居民抱怨很多。

3. 消防安全意识弱

当地政府兴建A社区时曾认真规划，投入大笔资金配备消防设施，严格按照消防部门要求每层楼均配有消防设施，谨防出现火灾事故。2014年秋季的一天，A社区16号楼12层住户周某放在自家门外的杂物突然起火，周某打电话求救物业之后立即想到电梯旁的消防器材可以用来自救，但却发现灭火器找不到了，还好物业工作人员抢救及时，快速扑灭火源，防止火灾扩大化。事后调查得知，消防器材早被其他用户取走留作自家使用。物业公司了解情况后为此专门做了一项统计调查，清查整个社区的消防设施完好程度，结果令人十分惊愕，消防设施完好程度仅为60%。

4. 噪声扰民分贝高

住上高楼后，“村改居”居民生活水平提高很多，生活安逸的中老年朋友却感觉整日无所事事，有的三五成群在社区凉亭里闲聊，有的则是自寻一片小空地唱歌跳舞自娱自乐。前几天，社区居民李阿姨来到社区服务中心找张主任反映情况，说是总有跳广场舞和扭秧歌的小支队伍在她们家楼下活动，播放的音乐声音大分贝高，十分扰民。

二、“村改居”社区管理初期探索

张主任安抚好上访居民们的情绪后，开始分析问题、寻找对策。她发现这些事件看似互不相连，实则有千丝万缕的联系。在还迁初期政府投入大量资金推动小城镇建设，努力提高硬件设施水平，但由于“村改居”居民的维护意识薄弱，才造成后期社区管理难度很大，发生了一连串的矛盾冲突，使居民幸福感骤降。而且，“村改居”模式刚刚兴起，还有很多不成熟待完善之处，政府部门的公共服务水平也有待提高。张主任查阅了关于如何提供社区公共服务的相关资料，努力学习借鉴其他地区优秀的社区管理经验。

资料显示，天津市东丽区华明镇地理位置优越，交通便捷畅达，周边环境良好。华明镇按照“与时俱进、争创一流”的工作目标，立足镇情，充分发挥区位优势，坚持各业并举，综合经济实力日益壮大，人民生活水平不断提高，社会各项事业协调发展。把布局分散、数量大、使用效率低的农民宅基地集中起来，土地统一整理复耕集约利用。“华明模式”充分做到“一切依靠农民，一切为了农民，为了一切农民”的农村发展模式，虽然仍处于探索阶段，但作为21世纪农村建设的创新模式，为新农村建设道路提供了新选择，具有鲜明的特点和很强的启示意义。在社区管理方面，华明镇的“村改居”社区始终注重转变社区职能，把社会管理职能和经济管理职能分开，增强服务、教育等功能，在社区大力开展丰富多彩的精神文明建设活动，努力营造健康快乐积极向上的良好氛围。在社区管理的同时注重居民自我管理、自我教育、自我服务。社区参与，是指社区居民自觉自愿地关心社区建设，监督社区公共服务，参与社区活动和社区公共事务管理，并在此基础上培养社区认同感和社区归属感，从而影响社区决策、推动社区发展。只有社区居民积极主动地参与到社区建设和管理中来，发挥自身的潜力和能动性，才能促进社区资源的优化、创造良好的社区环境，提升社区服务，促进社区的良性发展。

查阅资料后，张主任前后三次前往华明镇实地考察，学习先进经验，并在此基础上，结合A社区的实际情况，制定了一份因地制宜的社区管理实施方案，呈报给主管社区事务的副镇长。该副镇长看后高度重视，在领导班子会议上提出议题，各位领导十分关切并热烈讨论，最终社区办和党办、文明办、团委、妇联、法制办、安监站、物业公司等镇内多部门在原有方案基础上修改完善，联合制定了《某镇社区管理实施方案》（简称《实施方案》），充分利用各种资源、发挥各部门积极性，共同营造积极向上、文明友善的社区宜居环境。镇领导决定以A社区作为《实施方案》试点，试验期为一年，期间跟踪调查，到期进行评估，最终将修改好的《实施方案》推广全镇实施。

《实施方案》的具体措施主要是做到以下“四个保障”：

(1) 人才保障。要想把庞杂的社区工作处理好，人力保障是第一步。目前面临的首要现实问题就是社区工作者人数较少，尤其是有理论、有思想的高素质社工微乎其微。因此，确定每个社区必须配备5名以上社工的目标，确保人员到位。努力打造一支高素质的社工队伍，选派“三支一扶”、公益岗等年轻干部来充实社区服务中心力量，这类人群朝气蓬勃、综合素质较高，有强烈的投身基层工作的意愿，是不可多得的社工人才。另外，委托第三方部门公开招聘社区工作者，将有效拓宽选人用人渠道，更有利于打造高素质精品队伍。做好培训与管理，有效提升社区工作者的专业水平。社区的建设与发展需要有创新能力、有专业知识、有奉献精神的社区工作者。因此，要对社区工作者队伍进行职业化、知识化、专业化建设，有针对性地开展各类社区业务培训，通过严格选拔与专业化培训提高社区工作者的素质，建立并完善社区工作者招聘、培训、管理、考核、退出五大机制。“村改居”社区中的社区工作者多为村干部转变而来，对他们更应该进行有针对性的培训，如社区知识、社区意识培养和社区管理创新等。

（2）经费保障。提供社区公共服务需要大笔资金支持，经费来源依靠财政经费。由镇政府专项拨款，负责维修改善各功能室、购置硬件设备等费用。社区服务中心负责经费管理和使用，做到每笔费用一一记录在册。进一步明确经费的使用范围，使其用于走访、慰问、奖励社区居民，建立、维护社区工作场所和活动场地，丰富社区群众生活的活动内容和活动形式等。将社区工作内容和活动经费的使用管理情况纳入社区工作年度考核中。

（3）物质保障。社区服务中心本着勤俭节约的原则购置活动设施。费用主要分为三项：一是维修提升活动室。设置广场舞活动广场以及书画室、活动室、棋牌室等多功能室。在原有基础上，更符合人性化设计理念，提升改造活动设施。二是购置硬件设施。购买投影仪、音响、桌椅、服装道具等器材，供居民朋友活动时免费使用。三是提供活动经费。财政按照每月 1000 元的标准定向拨款到社区账户，从而保障每场活动的基本经费。

（4）活动保障。围绕节假日、各类主题开展丰富多彩的社区活动。一是以教育培训为抓手，思想上树立“社区是我家 爱护靠大家”的理念。利用发放宣传单、张贴公开信、布置橱窗专栏、电子显示屏滚动播出等方式，倡导社区文明行为。二是开展各类实用主题培训课程。定期组织居民开展与民生相关的培训，如消防灭火、膳食营养、身体保健、串珠手工等内容，不断拓宽培训领域，筛选群众喜爱的课题并加大频次开展。三是组织开展丰富群众生活的文娱活动。成立书法之家、合唱团、舞蹈队、秧歌队等兴趣爱好小组，选出组长和副组长，负责牵头组织队员练习，社区免费提供场地和硬件设施，并邀请文化馆老师前来授课，从而更好地提升居民文艺水平。结合元宵佳节、端午节、儿童节、中秋节、重阳节开展特色活动，通过举办文艺演出、趣味运动会、慰问困难群众等方式，凝聚社区正能量，营造共谱和谐之歌的愉悦氛围。四是开展卫生清整，营造美丽环境。坚持日常工作与集中清整相结合机制，社工每日轮岗值班，在社区内督查，发现卫生死角后立即清除。一旦遇见乱扔垃圾、高空抛物等不文明现象，要立即上前阻止并进行文明劝导，以实际行动带动周围群众进入文明行列。

三、试验期结束，实施效果不佳

自启动社区管理改革的一年来，A社区确实发生了一些变化：社区环境日益整洁；走进社区服务中心，唱歌、跳舞的人越来越多，书画爱好者三五成群相互切磋技艺。但这些效果与年初制定方案时预想的成果相差甚远，社区举办的各类活动居民参与度较低。经常有居民向张主任抱怨生活得不顺心、不如意，生活得不快乐。居民们最常说的是，“觉得搬上高楼后，人与人之间的距离好像很远，没有以前在村里那种热乎劲儿。尤其家里有病人，面对生活上的不如意只有叹息，生活的苦楚连个倾诉的对象也没有”“村改居以后，我们以前赖以生存的土地没有了，现在找不到适合的工作，温饱成了问题”……张主任再次陷入困惑：政府提供大量的人力、财力、物力支持社区事业发展，这一年来为了做好社区工作，所有工作人员都是“五加二、白加黑”兢兢业业地忘我工作，为什么居民们的幸福感还是不高呢？张主任立即撰写评估报告，及时向镇领导汇报情况。镇领导亦是不解，找到区领导反映“村改居”社区管理难度大、工作难开展的情况。主管社区工作的赵副区长听到汇报后高度重视，认为这是涉及全区社区管理的共性问题。他找来该区通过引进人才机制招聘来的几位社区管理方面、新农村建设方面的博士生一起研讨该议题。其中，攻读公共管理理论的杨华博士提出主要观点，他认为，该问题适用于公共管理学中城市社区公共物品供需双边匹配理论。在城市社区公共物品供给中，供需主体之间信息不对称及社区内部各组织权责不清晰导致公共物品供需结构难以有效对接，进而供需数量和结构失衡又致使社区公共物品的配置低效、公共服务水平不高。城市社区公共物品供需匹配的过程是典型的“一对一”双边匹配问题。按照双边匹配理论实现社区公共物品供需主体整体满意度的最优化，这需要双边主体处于信息对称的环境中。而如今，该社区正处于“供”“需”不匹配阶段，政府提供的公共服务不全，所以造成资源配置效率低下、效果不佳。赵副区长听后非常认可几位博士的观点，当即决定成立“村改居”社区管理领导小组，赵副区长任组长，相关部门领导以及几位博士任组员，小组全权负责“村改居”社区管理调研与改进工作。

四、智库云集，效果不凡

“村改居”社区管理领导小组一致认为，问题的原因是信息不对称，所以建议采用公民调查的方法征询群众意见从而获取第一手资料。公民调查的优点是，它具有向较多人口征询意见的潜力，并且调查结果较为真实可靠。公民调查可以寻找并给予更多居民发出自己声音的机会，并且有利于政府做出直接有效的决策。各组员采取拦截访问和入户访问两种方式分别来到 A 社区进行调查，结果显示，社区居民对社区服务中心的工作基本满意，但是他们最期盼的事情还没有得到解决。居民反映的问题主要集中于以下三点：一是陌生感强烈。该区的村民原本生性好客、待人热情，如今搬上高楼住进洋房后，邻里间接触越来越少，居民常把自己“关”在家里，与邻居交往甚少，生活较为单一。二是安全感较弱。农民失去赖以生存的土地，又无一技之长，想找到合适的工作较难，温饱成了问题。有些因病致穷的困难家庭无力支付巨额的药费，面临病痛和经济双重压力，心理压力巨大，安全感很弱。三是参与度不高。受传统思想束缚，“村改居”社区居民不太愿意加入团队中一起从事某件事情，不喜欢在大庭广众之下“抛头露脸”。经过综合分析调查结果以及查阅相关理论资料，“村改居”社区管理领导小组得出以下结论。

1. “村改居”社区公共服务需求表达机制存在欠缺

要满足社区居民的公共需求，就要求社区公共服务供给与居民公共服务需求相匹配。因此，社区公共服务供给基本出发点也必须是满足社区居民的公共需求，这就需要建立上下畅通且有效的社区公共服务需求表达机制。首先，政府缺乏建立集中整合型的需求表达机制。现阶段，A社区居民公共服务需求表达渠道微乎其微。通过这些渠道收集到的公共服务需求主要的特点是：缺乏集中整合型的需求表达，需求表达都集中在个体居民急需解决的问题上。其次，非营利性组织和社区居委会等社会自治组织并没有很好地发挥将居民需求高效整合传达给政府，然后将政府的意图传达给居民的桥梁作用，甚至没有发挥作用。一方面，A社区大部分非营利性组织还处在萌芽阶段，得到群众认可、发挥作用仍需时日。另一方面，社区居委会发挥作用有限。目前，“村改居”社区居委会往往采取在宣传栏张贴宣传单这种单一的方式来进行社区公共服务信息传递，这极大地限制了社区公共服务供给信息的宣传和传递。综上所述，社区公共服务需求表达机制的建立缺乏居民和社区的双向互动，社区组织作用发挥不明显。

2. 社区居民公共参与意识淡薄

社区参与是指社区居民积极主动地参与社区公共事务管理，参与并监督社区公共服务的开展，参与社区活动并逐步形成对社区的认同感、归属感，自发地关心社区建设、推动社区建设。社区参与的规模、程度和制度化水平将直接关系到社区的整体发展，进而对公共服务的发展产生影响。“村改居”社区的居民大部分缺乏主动参与社区服务的积极性。目前，社区中存在着寥寥可数的志愿服务者，参与者主要是在校学生和社区工作者，并且所提供的志愿服务次数少、内容单一。有些社区志愿服务活动的开展是由政府统一部署的，参与的志愿者多以政府组织的人员为主，并不是常规性的社区资源。在随机抽取参与交谈的居民中，只有不到1/5的居民表示“愿意经常参与社区各种活动和公共事务”。“村改居”之前，传统农村是熟人社会，有血亲关系的人聚集居住，村民彼此之间了解、熟悉，自愿自发地开展合作互益活动，村民对村委会的认同感、归属感较高。

“村改居”之后，居民却对社区认同感和归属感不高。“村改居”之后，原住居民在短时间内无法改变之前长时间农村生活形成的生活方式，因此对社区认同感和归属感低。而“村改居”后涌入的外来人口，由于迁入时间短、流动性大等原因，对社区认同感和归属感也相对较低。因此，居民对参与各种社区公共活动缺乏主动性、积极性，从而导致了“村改居”社区公共服务来自社区居民的资源较为缺乏。

3. 非营利组织发育不健全

政府作为一个庞大的组织，在公共服务供给中存在较多的问题，如采取措施时会受到各种繁琐程序的限制、对公共服务需求回应速度慢、供给内容缺乏灵活性等，因而不能及时、有效地满足社区居民多样化、差异性的需求。而非营利性组织具有专业性强、灵活多变等特点，这些都可以弥补政府的局限和不足，以其独特优势满足不同群体的多样化需求。此外，非营利组织相较于政府组织，在减少社区居民生活中的顾虑感，实现、加强社区居民之间的信息交流等方面有着独特的优势。

五、打响社区管理改革攻坚战

“村改居”社区管理领导小组针对发现的问题，提出切实可行的改革方案。

1. 建立高效的社区公共服务信息沟通渠道

为实现社区公共服务的及时供给、高效供给，就必须畅通在“村改居”公共服务提供者和消费者之间的信息渠道，从而更好地掌握社区居民公共服务需求的动向，实现供给贴近需求，尽可能实现社区公共产品的最优供给，减少公共资源的浪费。一方面，可结合调查问卷、入户走访、重点跟进等方式，对社区居民的实际公共服务需求展开多方位调查，强化沟通，实现一手资料的搜集，为公共服务的开展找准落脚点；另一方面，通过定期召开社区服务座谈会，通过会议征求意见、了解需求，从而对已开展的社区公共服务进行优化，对其中不合理或者不切实际的做法给予及时纠正。以上两个方面的措施搜集到的居民集体选择的结果，也可以作为政府提供公共服务供给决策的基础依据。

2. 实现供给方式的多元化

政府作为社区公共服务的主导者，其职责除了提供公共服务，更重要的是要保证社区公共服务的有效开展，以满足社区居民的公共需求。政府在“村改居”社区公共服务中的作用应该是指挥，利用其核心地位对A社区公共服务的供给进行整体规划，改变政府作为唯一提供、生产主体的模式，改变以往凡事亲力亲为、一管到底的做法，根据不同公共服务的性质、服务的规模大小等特征，逐步适当下放权力，合理规划、整合社会资源，从而实现供给方式多元化。作为社区公共服务的重要生产者，各级政府部门应直接生产那些公共性程度高的公共服务、市场或非营利组织无力或不愿意供给的服务，如社会保障等服务。A社区居住区紧挨工业区和商务区，这两带经济区可以有效带动当地经济，并且为当地居民提供大批次岗位。为方便居民从容就业，“村改居”社区应着重完善劳动就业培训体系，并通过与企业沟通扩大就业信息来源，为群众提供广阔的就业平台。同时，开办面向广大居民的各项便民服务，面向困难群体的社会救助和服务，面向失地农民的再就业服务和社会保障服务等。由政府提供这些服务不仅有利于维护公共服务的公平性，避免损害社区居民的权利，还可以切实帮助困难群众顺利谋生，解决温饱问题。居民感受到政府在关心他们，幸福感就会逐步提升，长此以往，将有利于构建社会主义和谐社区。

3. 培育社区居民公共服务参与意识，大力建设社区志愿者队伍

加快社区志愿服务队伍建设将有利于大幅度拉升“村改居”社区公共服务水平。当前，“村改居”社区的居民大部分缺乏主动参与社区服务的积极性，主要是限于在校学生和社区工作者，并且所提供的志愿服务次数少、内容单一。因此，要拓宽渠道培育“村改居”社区居民的参与意识，社区工作者要结合“村改居”社区居民的结构特点，根据不同群体、不同年龄层的特点，以不同的形式鼓励引导社区居民参与到志愿活动中来，并且要根据社区志愿者的特长和所参与志愿服务的时间安排相应的志愿服务活动，努力实现社区志愿者服务的制度化、规范化建设。各级政府相关部门也要加大宣传力度，大力倡导志愿者服务，努力营造参加志愿服务最光荣的良好风尚，还可采取物质奖励等形式对积极参与志愿服务的居民进行肯定。挖掘一批热心公益、无私奉献的身边好人，组建志愿者服务队，结合自身特长为社区居民免费提供修车、上门剪发、量血压等公益服务，让原本村民身上热情爽朗的优点发挥到极致，同时以实际行动带动更多居民加入志愿者行动中。

4. 大力发展非营利组织

目前，非营利组织发展很不完善，组织发展能力不强，政府本身及其行为构成了非营利组织发展中最基本的环境，这就需要明晰和规范政府与非营利组织的职能关系，保持非营利组织一定的独立性和自主性。政府要对非营利组织进行适当的扶持和培养，不仅要在政策上予以倾斜，还要提供资金方面的支持，引导公众更好地认识它的作用。可以着重从以下两个方面入手：一方面，政府不宜过度地插手甚至干预非营利组织内部事务的管理，要给予其充足的发展空间、自主经营的权利，政府与非营利组织之间更应该建立的是一种引导和监督的关系；另一方面，政府要积极为非营利组织的发展创造良好的环境，对慈善公益组织等非营利组织应大力扶持。

六、结束语

“村改居”社区是天津市城市化进程中的必然产物，也是未来几年天津郊区发展改革的必然趋势，作为先行者，A社区有责任挑起重任，探索出一条既符合天津特色又令人民满意的“村改居”社区管理新模式。A社区采用将实践经验与理论原理相结合的社区管理模式，具有科研研究意义。社区管理改革必然有风险，作为先驱者就应有勇于承担的魄力、敢于挑战的决心、克服困难的毅力和善于总结的智慧。尽管改革阻力重重，但我们始终坚信众志成城。“路漫漫其修远兮，吾将上下而求索”。“村改居”社区管理是值得研究的重大课题，需要政府管理者和人民群众一起来完成好这项十分有意义的科研工作。

思 考 题

1. 通过案例可以看到哪些公共管理问题？

2. “村改居”后，农民转变为居民，有什么诉求变化？

3. 结合本案例，你认为管理者和居民们的矛盾点在哪里？

4. 结合文章中的整改措施，你认为村民们的幸福感会提升吗？参与程度会增加吗？

5. 管理者在实行整改措施中的难点是什么？

6. 面对当前“村改居”社区中所存在的问题，除了案例中所提到的方法，你有什么更好的提议来改变这一现状？

案例教学指导

和谐社区炼成记

——打响“村改居”社区管理攻坚战

一、课前准备

（1）教师应全面熟悉教学案例，对所涉及的背景知识及理论重点预先进行梳理和储备。

（2）对案例中事件发展脉络进行梳理，结合其他需要提炼和展示的内容，制作教学 PPT。

（3）将课堂时间划分为案例重点部分导读、理论讲授、分组讨论、小组发言、总结等几部分，并预先合理安排每部分耗用时间。

（4）制订案例讨论小组的分组计划。

（5）将教学案例正文打印、装订成册，预先下发，并要求课前阅读和初步思考。

（6）对学生讨论、发言等环节中可能遇到的问题，要有充分的准备。

（7）上课前检查课上所需用的计算机、话筒以及投影仪等设备。

二、教学目的与用途

1. 适用对象

本案例主要为 MPA 教学开发，适合有一定公共管理工作经验的学员和管理者学习。此外，也可以用于行政、管理类本科及研究生专业相关课程。本案例属于问题导向型案例。

2. 教学目的

本案例讲述了天津市某“村改居”社区（A 社区）在社区工作中管理难度较大，居民既不配合管理工作，也不服从统一安排。经过一步步的探索，最终发现蕴藏在表象背后的管理学理论，即公共管理学中物质构成和精神文明建设双重缺失与城市社区公共物品供需双边不匹配的问题。由于

“村改居”社区信息渠道不畅通，造成政府供给和居民需求不对称，从而使群众幸福感不强，社区管理工作屡陷困境。本案例在天津市近年来“村改居”社区管理类问题的案例中具有一定的典型性和代表性，引发了读者对如何管理“村改居”社区的思考。

具体教学目标分为以下三个方面：

（1）了解“村改居”社区中的各种问题矛盾以及居民在新社区中产生的新的生活方式，分析管理中存在哪些问题及原因。

（2）了解“村改居”社区中居民们对新社区新生活的需求，分析领导者在“村改居”社区日常管理工作中的难点问题，探讨解决途径。

（3）了解社区管理者采用的新式管理方法和模式，了解新式“村改居”社区的工作方式与方法。

3. *启发思考题*

（1）通过案例可以看到哪些公共管理问题？

（2）“村改居”后，农民转变为居民，有什么诉求变化？

（3）结合本案例，你认为管理者和居民们的矛盾点在哪里？

（4）结合文章中的整改措施，你认为村民们的幸福感会提升吗？参与程度会增加吗？

（5）管理者在实行整改措施中的难点是什么？

（6）面对当前“村改居”社区中所存在的问题，除了案例中所提到的方法，你有什么更好的提议来改变这一现状？

三、分析思路

教师可以根据自己的教学目标灵活使用本案例。这里提出供参考的案例分析思路，主要是依照思考题的顺序进行。

首先，在重点内容导读的过程中，要求学生确定案例事件的起、承、转、合等阶段。要关注整个案例中管理者思路的变化，由单纯地以为开展精神文明建设工作就可见效到发现这是供需不平衡、信息不对称的管理学问题，再到最后针对“村改居”社区提出切实可行、一针见血的实施方案。其次，引导学生围绕思考题开展小组讨论、认真分析、意见汇总。最后，进行课堂总结。

四、要点分析

1. “村改居”后面临的现实问题

（1）“村改居”社区居委会管理职能定位不明确。在职能定位上，“村改居”社区居委会的职能能否顺利转变，将直接影响“村改居”社区居委会的工作能否顺利进行。传统村委会的职能主要是管理本村事务，管理的是本村村民，以及对村经济组织进行管理，行政色彩较为浓厚。而城市社区居委会的职能主要体现在提供社区服务上，实现的应是服务职能，管理的对象不再只是原来的村民，还要面对很多外来人口，对于经济部分则不再进行统一管理。目前大部分“村改居”社区居委会未实现由行政职能向服务职能的转变，无法按照社区的要求对社区进行有效管理，也无法向社区居民提供卫生、治安、教育、社会保障等社区基础服务工作。由于政府对农村向城市转变的复杂性了解不够、准备不足，因此在取得城市发展需要的土地以后，不愿意触动原有的利益格局和人事安排，没有将新改造的社区纳入整个城市的统一管理体系，而是将“村改居”社区事务留给原来的村组织自行解决。

（2）“村改居”社区居委会工作人员素质有待提高。目前，“村改居”社区居委会工作人员主要由原村委会的班子简单组合而成，社区管理人员绝大部分是由原村委会的干部担任的，这些人员的学历普遍不高，在管理工作上主要依靠的是个人威望和传统经验，无论在工作方法上，还是在管理理念上都显得创新不足、思想不够开放，再加上年龄偏大、学历不高，导致他们在工作上创新不足。

（3）“村改居”社区居民适应能力不强。首先，农民的传统观念根深蒂固，对土地的依赖性很强，受传统生活习性的影响，“村改居”虽然将其身份改变为城市居民，将其居住的地区由农村转变为城市，但很多人无法改变其农民意识，居民和“村改居”社区居委会的管理人员对社区的认识仍然停留在原来的行政村上。例如，不少居民仍习惯称呼居委会主任为“村长”，称呼其居住的社区为“我们村”。可见，居民仍不适应新的变化，思想观念仍停留在未改制之前。

其次，“村改居”以后，居民不能再像以前一样依靠土地生活，成为失地人员。虽然这一部分人转变为城市居民，就业环境变得比较宽松，但由于大部分人的文化素质不高，又没有掌握相关工作技能，所以这一部分人的就业存在困难。“村改居”的青年由于年轻，尚且可以快速地找到工作，但很多人，特别是“40、50”人员，就存在着很大的困难。而部分就地安置的居民由于缺乏技能和上进心，不少人游手好闲、不思上进，不能融入改变后的社区生活中。

（4）缺乏健全的法律规范。在“村改居”过程中，由于没有明确的法律法规，导致“村改居”社区居委会在管理工作中缺乏制度保障，因此，在改制的过程中出现某些问题难以解决，如有很多“村改居”社区仍采用原来农村的社会保障体系（农村的社保体系覆盖面低、保障水平较差），造成改制后的“村改居”社区居民未能享受到城市居民的社会保障体系。

2. “村改居”社区在提供公共服务时遇到的问题

（1）“村改居”社区公共服务需求表达机制存在欠缺。其一，政府缺少建立集中整合型的需求表达机制。现阶段，社区居民公共服务需求表达渠道微乎其微。通过这些渠道收集到的公共服务需求主要的特点是：缺乏集中整合型的需求表达，需求表达都集中在个体居民急需解决的问题上。其二，非营利性组织和社区居委会等社会自治组织并没有很好地发挥将居民需求高效整合传达给政府，然后将政府的意图传达给居民的桥梁作用，甚至没有发挥作用。目前，“村改居”社区居委会往往采取在宣传栏张贴宣传单这种单一的方式来进行社区公共服务信息传递，这极大地限制了社区公共服务供给信息的宣传和传递。因此，社区公共服务需求表达机制的建立缺乏居民和社区的双向互动，社区组织作用发挥不明显。

（2）社区居民公共参与意识淡薄。社区参与是指社区居民积极主动地参与社区公共事务管理，参与社区活动并逐步形成对社区的认同感、归属感，自发地关心社区建设、推动社区建设。“村改居”社区的居民大部分缺乏主动参与社区服务的积极性。案例所提到的访问中，只有不到1/5的居民表示“愿意经常参与社区各种活动和公共事务”。“村改居”之前，传统农村属于熟人社会，村民彼此之间了解、熟悉，自愿自发地开展合作互益活动，村民对村委会的认同感、归属感较高。“村改居”后，原住居民在短时间内无法改变之前长时间农村生活形成的生活方式，因此对社区认同感和归属感低。而涌入的外来人口，由于迁入时间短、流动性大等原因，对社区认同感和归属感也相对较低。因此，居民对参与各种社区公共活动缺乏参与主动性、积极性，从而导致了“村改居”社区公共服务来自社区居民的资源较为缺乏，“村改居”社区居委会的工作难以开展。

（3）非营利组织发育不健全。政府作为一个庞大的组织，在公共服务供给中存在较多的问题，对公共服务需求回应速度慢，供给内容缺乏灵活性，因而不能及时、有效地满足社区居民多样化、差异化的需求。而非营利性组织具有专业性强、灵活多变等特点，这些都可以弥补政府的局限和不足，以其独特优势满足不同群体的多样化需求。此外，非营利组织相较于政府组织，在减少社区居民生活中的顾虑感，实现、加强社区居民之间的信息交流等方面有着独特的优势。但目前而言，“村改居”社区非营利组织发育不健全，未形成规模。

3. “村改居”社区管理改革创新之处

（1）建立便捷高效的社区公共服务信息沟通渠道。在“村改居”公共服务提供者和消费者之间建立快速有效的信息渠道，从而更好地掌握社区居民公共服务的需求动向，实现供给贴近需求，尽可能实现社区公共产品的最优供给，减少公共资源的浪费。搜集到的居民集体选择的结果，可以作为政府提供公共服务供给决策的基础依据。

（2）实现供给方式的多元化。政府在“村改居”社区公共服务中利用其核心地位对 A 社区公共服务的供给进行整体规划，改变政府作为唯一提供、生产主体的模式，改变以往凡事亲力亲为、一管到底的做法，根据不同公共服务的性质、服务的规模大小等特征，逐步适当下放权力，合理规划、整合社会资源，从而实现供给方式多元化。作为社区公共服务的重要生产者，各级政府部门应直接生产那些公共性程度高的公共服务、市场或非营利组织无力或不愿意供给的服务。对于案例中的 A 社区，居住区紧挨工业区和商务区，这两带经济区可以为当地居民提供大批次岗位。“村改居”社区可以着重完善劳动就业培训体系，并通过与企业沟通扩大就业信息来源，为群众提供广阔的就业平台，同时，可面向困难群体提供社会救助和服务，面向失地农民提供再就业服务和社会保障服务。由政府提供这些服务不仅有利于维护公共服务的公平性，避免损害社区居民的权利，还可以切实帮助困难群众顺利谋生，解决温饱问题。居民感受到政府在关心他们，幸福感就会逐步提升，长此以往，将有利于构建社会主义和谐社区。

（3）培育社区居民公共服务参与意识。加快社区志愿服务队伍建设将有利于大幅度拉升“村改居”社区公共服务水平。“村改居”社区的居民大部分缺乏主动参与社区服务的积极性，提供的志愿服务次数少、内容单一。因此，要拓宽渠道，培育“村改居”社区居民的参与意识，社区工作者要结合“村改居”社区居民的结构特点，根据不同群体、不同年龄层的特点，以不同的形式鼓励、引导社区居民参与到志愿活动中来，并且要根据社区志愿者的特长和所参与志愿服务的时间安排相应的志愿服务活动，努力实现社区志愿者服务的制度化、规范化建设。各级政府相关部门也要加大宣传力度，大力倡导志愿者服务，努力营造一种参加志愿者服务光荣的良好风尚，还可采取物质奖励等形式对积极参与志愿服务的居民进行肯定，以实际行动带动更多居民加入志愿者行动中。

（4）大力发展非营利组织。非营利组织发展较不完善，组织发展能力不强，政府本身及其行为构成了非营利组织发展中最基本的环境，这就需要明晰和规范政府与非营利组织的职能关系，保持非营利组织一定的独立性和自主性。政府要对非营利组织进行适当的扶持和培养，不仅要在政策上予以倾斜，还要提供资金方面的支持，引导公众更好地认识它的作用。可以着重从以下两个方面入手：一方面，政府不宜过度地插手甚至干预非营利组织内部事务的管理，要给予其充足的发展空间、自主经营的权利，政府与非营利组织之间更应该建立的是一种引导和监督的关系；另一方面，政府要积极为非营利组织的发展创造良好的环境，对慈善公益组织等非营利组织应大力扶持。

五、课堂安排

本案例的学习需要 3 个课时，即 135 分钟完成。

在课堂上讨论本案例前，应该要求学生至少读一遍案例全文，对案例 6 个启发思考进行回答。

首先由教师对本案例进行简要介绍和分析，并结合案例介绍天津市“村改居”社区管理情况。这部分需要 25 分钟左右。

安排学生分组讨论，研究整理课前准备的发言提纲。这部分需要 20 分钟。

学生小组代表发言和提问。针对每个课后问题，要求每组学生派一名代表发表本组观点，并进行提问和讨论，教师要做适当的引导和评论，每个问题的讨论时间控制在30分钟以内。这部分需要75分钟。

教师点评。根据学生发言情况，教师做简要点评，并布置课后作业。这部分需要15分钟。

六、其他教学支持

课前需要使用打印设备将案例打印、装订成册；课堂教学需使用计算机、话筒以及投影设备。

条块协同　政企合作

——海上溢油污染联防的“天津模式”

闫章荟　郑启波*

一、“塔斯曼海”号溢油事故暴露了天津港溢油应急处置能力短板

1. 事故基本情况

2002年11月23日凌晨4时50分，一艘满载原油的马耳他籍油轮“塔斯曼海”号与中国沿海船舶“顺凯1号”轮在天津大沽口东部海域23海里处发生碰撞。“塔斯曼海”轮右舷第三舱破损，舱内原油大量溢出，海上出现长2.5海里、宽1.4海里的溢油漂流带。天津海事局危管防污处（以下简称“危防处”）当时是天津海上搜救分中心第四分中心的办公室，主要负责海上溢油应急处置。危防处接到溢油报告后，启动溢油应急程序，派遣应急力量立即赶赴事故现场。

2. 紧急调用船舶赴现场应急

当时，在危防处调用应急力量进行清污的时候，天津港务局（政企分开改革后更名为“天津港集团有限公司”）只能提供轮驳公司的拖船作为海上应急机动力量，而溢油应急储备物资，如围油栏、消油剂和收油机等，只有所属的2个油码头公司才有配备，而且数量有限。危防处决定先

* 闫章荟，天津财经大学财税与公共管理学院，副教授。郑启波，中华人民共和国东疆海事局危管防污处处长。

调用应急船舶赶赴现场，当时首先考虑的是协助“塔斯曼海”轮堵漏，调用了交通部烟台救捞局的1艘救助船舶携带堵漏设备赶赴现场；为减少“塔斯曼海”轮破舱内原油外泄，调用了天津中燃船舶燃料有限公司（以下简称“燃供公司”）的2艘油轮过驳第三舱内的原油；先行调用轮驳公司的2艘拖船分别在现场负责值守和警戒任务，防止“塔斯曼海”轮沉没，警戒其他无关船舶不得进入应急区域，并协助现场布放围油栏。

3. 溢油应急清污的社会力量

2002年，天津港溢油应急清污社会力量主要有两类机构：一类是天津港内的13家船舶污油水接收企业，共计拥有小型污油水接收的作业船舶13艘（见表1）。这些企业拥有一定数量的围油栏、吸油毡和消油剂，具体数量危防处不掌握。另一类是中海油公司设立在天津基地的溢油应急设备库，作为渤海湾内钻井、采油平台溢油防治的专业应急队伍，可以一次性有效应对约200吨溢油的应急能力，相关应急物资比较齐全。

表1　　天津港船舶污油水接收企业及作业船舶一览

序号	单位名称	作业船舶
1	天津联众修船工程有限公司	远华供油3
2	天津德大华航船舶技术服务有限公司	骅海油8
3	天津凯盛船舶服务有限公司	凯盛油6
4	天津希浦船务有限公司	希浦2
5	天津开发区凯益贸易有限公司	万力源2号
6	天津市塘沽区万力源商贸有限公司	万力源1号
7	天津东亮船舶配件商贸有限公司	顺通源
8	天津瑞文国际贸易有限公司	远华供油2
9	天津安洋船舶工程有限公司	安洋6号
10	天津市津南区恒源工贸有限公司	黄骅港油2
11	天津鑫昶工贸有限公司	顺达1号
12	天津海润机电设备工程有限公司	远华供油6
13	天津明华外轮修理有限公司	宝航1208

4. 调派社会力量参与清污

调用中海油天津溢油应急专业力量。由于情况紧急，天津市海上搜救中心要求立即协调中海油天津分公司，调用其船舶和设备库内溢油应急物资参与现场应急，该设备库是中海油公司为自己在渤海湾内进行石油钻井、开采，防止石油造成海洋环境污染服务的。由于天津港务局自己没有足够的应急资源，紧急情况下只能调用这一天津港内最大的应急力量。危防处值班员小朱接到指令后，按照应急反应程序，通知中海油天津分公司应急值班室，要求立即调派至少2艘三用工作拖轮，从公司基地设备库中调用应急物资赶赴现场。中海油天津分公司是天津海上搜救中心的成员单位，因此也启动了内部应急机制，按照危防处的指令，将设备库内的2台收油机（收油能力60立方米/小时）及其动力站、4000米围油栏、2吨吸油毡，几乎溢油应急物资全部出库，并安排2艘三用工作船先行负责运输，赶赴现场进行应急。

调用港口码头配备溢油应急设备和器材。由于溢油带范围较大，现场的围油栏长度明显不够，危防处继续从天津港燃供公司、天津港石油化工码头有限公司2家油码头调用共计2000米围油栏等溢油围控和吸附材料，同时调用了码头配备的2台收油能力10立方米/小时的收油机。

调用港内船舶污油水接收企业的船舶和物资。危防处依次从天津港13家船舶污油水接收企业分别调用了船舶和围油栏、吸油毡等应急物资，使现场围油栏长度达到了将近10000米，收油机数量达到了4台，消油剂和吸附材料达到了近30吨；同时，清污现场也采取了对油污进行分段围控的方式，有效弥补了围油栏长度的不足。

通力协作最终完成清污任务。4台收油机开足马力，24小时不间断工作。对于现场作业的船舶、船员和应急人员，采取轮换的方式，保障现场应急的不间断。在清污行动的后期，为有效清除海面溢油薄膜，在清污船舶上安装了消油剂喷洒装置，开始对污染水域喷洒消油剂。各方力量在危防处的指挥、调度下，通力协作，至2002年11月30日，历时一周的时间，海上油污基本清除完毕，应急行动结束。

5. 溢油污染造成的海洋环境损害

根据卸货量检验报告、清污回收溢油和卫星遥感技术进行估算表明，

"塔斯曼海"轮原油泄漏量约为209吨。经确定，此次油污事故造成油污较严重的海水面积为359.6平方千米，受此次油污影响严重的沉积物面积为82.79平方千米，影响滩涂范围为290平方千米，给渤海西部海域的海域生态环境和津冀渔业养殖造成了严重的损害。根据天津市海洋局的估算，海洋生态环境损失达9479.25万元。

6. 事故暴露了天津港溢油应急能力短板

此次事故暴露了天津港在防治船舶溢油应急能力方面的不足。在本次事故的后评估报告中也指出，天津港溢油应急能力明显不足，此次溢油污染应急可以说已经达到了天津港的极限，能调用的应急力量都已全部调用。如果遇到超过本次事故规模的溢油污染事故，单凭天津港的一港之力将无法有效应对。天津港务局（政企分开改革后更名为"天津港集团有限公司"）作为港口经营的主体，没有配备溢油应急设备库及成建制的污染清除队伍，旗下仅油码头配备的防治船舶溢油设备、器材数量相当有限，污染清除行动主要依靠社会力量来进行，而且社会力量应急能力也存在不足，缺少专业溢油回收船，溢油应急处置以手工操作为主，存在效率低下的问题。后评估的最终结论是：天津港船舶溢油应急能力与港口吞吐能力明显不相适应，存在显著的短板。

二、加强天津海上溢油应急能力建设的紧迫性

1. 天津海上溢油应急能力建设进展缓慢

"前车之鉴，后事之师。"天津海事局作为交通运输部驻天津负责海上交通安全、防治船舶污染海域的主管机关，历来非常重视海上溢油应急能力建设。"塔斯曼海"轮溢油事故发生以后，针对天津海上溢油应急短板，开始有针对性地加强溢油应急能力建设，但鉴于国家对海上溢油应急能力建设方面缺乏相关法律、法规的支持，一直以来进展缓慢。

从2008年开始，天津海事局开始将目光转向寻地方政府支持。2008～2010年，原天津海事局党组徐书记作为天津市政协委员，连续三年提交关于加强天津海上溢油应急能力建设方面的提案，市政府相关领导进行了批

示，相关建议如加强海上溢油监测、海上搜救体制改革和溢油应急志愿者队伍建设等措施得到实施。尽管如此，天津海上溢油应急能力建设尚未成为一个体系，总体上实质性突破不大。

2. 交通运输部对天津海上溢油应急能力的期望

2009年，时任交通部部长李盛霖和天津市人民政府副市长熊建平在天津海事局座谈时提出：交通运输部“十一五”实现了海上一次溢油控制清除能力500吨的目标，“十二五”规划达到1000吨的能力，虽然天津市在“十一五”期间未能达到海上一次溢油控制清除能力500吨，但希望天津市在“十二五”期间能够有大突破，在全国实现率先发展，“十二五”末期达到海上一次溢油控制清除2000吨的能力。“十二五”期间，交通运输部和天津市政府将对天津市溢油应急能力建设给予关注和大力支持。

根据天津海事局的评估，2009年天津市近岸水域一次溢油控制清除能力在500~700吨；远海水域（锚地以外）一次溢油控制清除能力在200~300吨。总体上与交通运输部提出的“十二五”末期沿海主要港口要达到2000吨的能力尚有较大差距。

3. 天津港自身溢油应急能力现状

天津海上溢油应急能力建设，关键在天津港自身。天津港集团有限公司是天津港的经营主体，其所属、控股和合资的码头公司吞吐量和船舶流量对天津港口的贡献超过了95%以上。但在港口应急能力建设方面，天津港集团仅2个油码头配备了溢油应急设备（见表2），天津海上的溢油应急能力却主要依靠社会力量，与其港口经营的主体地位明显不符。

表2　　天津港集团公司码头溢油应急设备配备情况

序号	码头公司名称	泊位数	最大靠泊能力	溢油应急设备配备情况
1	天津中燃船舶燃料有限公司	9 （包括新港、南疆基地泊位）	1万吨	围油栏1000米 收油机10立方米/小时1台 油拖网1副 消油剂1吨 吸油毡2吨 容量为2立方米储油罐3个

续表

序号	码头公司名称	泊位数	最大靠泊能力	溢油应急设备配备情况
2	天津港石油化工码头有限公司	5	30 万吨减载	围油栏 1000 米 收油机 30 立方米/小时 1 台 油拖网 1 副 消油剂 3 吨 吸油毡 3 吨 容量为 10 立方米储油罐 1 个

在溢油应急社会力量方面，可利用的专业海上应急手段几乎是空白的；缺少专业溢油应急队伍，以天津港船舶污油水接收企业为代表的兼职溢油应急队伍专业素质不高，应急能力不强；天津现有的应急能力难以抵御海上重特大污染事故（根据《防污条例》，重大污染事故是指船舶溢油 500 吨以上不足 1000 吨，或者造成直接经济损失 1 亿元以上不足 2 亿元的船舶污染事故）。

4. 天津港的快速发展与港口溢油应急能力不足的矛盾

天津海上溢油应急能力发展缓慢的同时，天津港的吞吐量和船舶进出港艘次却逐年激增：2001 年，天津港首次突破 1 亿吨大关；到 2004 年，仅用 3 年时间实现港口吞吐量增加了 1 亿吨，达到 2 亿吨；2007 年，天津港吞吐量达 3 亿吨，一跃成为我国北方第一大港。船舶进出港艘次也从 1995 年的 18280 艘次，上升到 2009 年的 96138 艘次，增长超过了 5 倍（见图 1、图 2）。

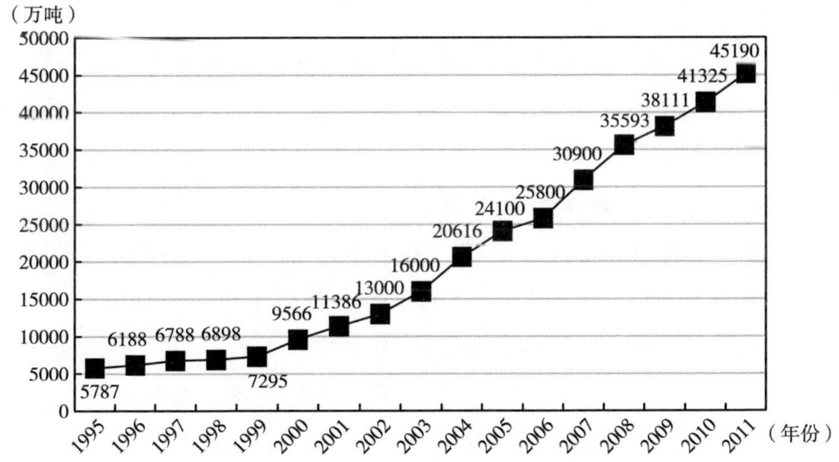

图 1　天津港 1995 ~ 2011 年吞吐量

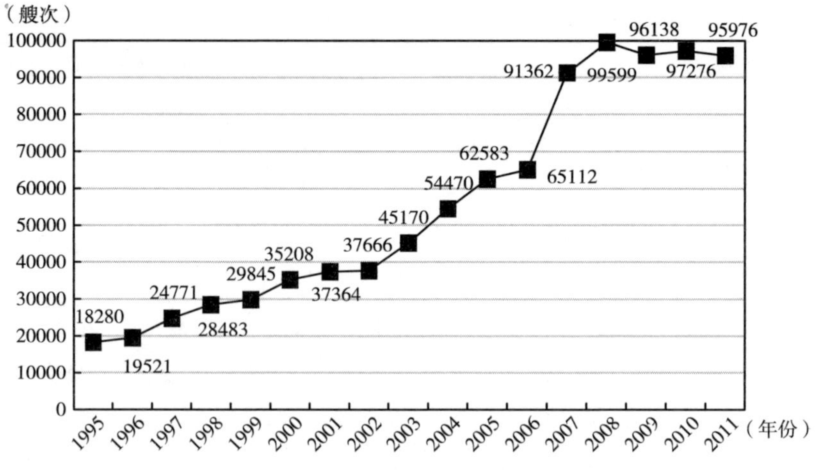

图 2　天津港 1995～2011 年船舶进出港艘次

因此，加强天津港海上溢油应急能力建设，必须要抓住问题的主要矛盾，落实港口码头的主体责任，加强天津港集团有限公司对溢油应急能力建设的重视和资金投入，力争在“十二五”末期天津港具备海上一次溢油控制清除 2000 吨的能力。

三、天津海事局“十二五”规划提出联防模式

1. 党政联席会决定启动“十二五”规划编制

2010 年 3 月，天津海事局召开了党政联席会，决定启动天津海事局“十二五”规划的编制工作，规划分为通航管理、船舶管理、防污管理、基础装备等若干个分规划领域。其中，局领导强调，防污分规划要结合《防治船舶污染海洋环境管理条例》（以下简称《防污条例》）的落实，特别加强天津海上溢油应急能力建设，力争在“十二五”末期达到交通运输部提出的一次溢油清除能力 2000 吨的水平，由危防处负责编写。

危防处接到任务后，隋处长召集处内工作人员召开处务会，宣布了局领导关于启动天津海事局“十二五”规划编制的决策，危防处具体负责防污分规划编写。隋处长决定在危防处内由各岗位成立规划编写小组，立即开展规划的起草和编制工作。

2. 新法规为“十二五”规划提供了有力支持

1982年8月，第五届全国人大常委会第二十四次会议通过的《中华人民共和国海洋环境保护法》（以下简称《海环法》），是我国首部海洋环境保护方面的法律。1999年12月，第九届全国人民代表大会常务委员会第十三次会议对《海环法》进行了修订，对有关章节和条款进行调整和修改。从防治船舶溢油污染海洋环境方面，1999年修订后的《海环法》关于港口码头配备溢油应急设备的要求基本不变，仅对装卸油类的港口、码头、装卸站要求配备相应的溢油污染应急设备和器材。2001年，交通部制定了《港口码头溢油应急设备配备要求（JT/T 451－2001）》，推荐装卸油类港口码头按该行业标准配备溢油应急设备。《海环法》对其他码头溢油应急设备配备没有约束。

2009年9月，国务院第79次常务会议通过《防治船舶污染海洋环境管理规定》（以下简称《防污条例》），于2010年3月1日起正式实施。新修订的《防污条例》在1983年版《中华人民共和国防止船舶污染海域管理条例》基础上进行了大幅的修改，其中有2条规定对编制防治船舶溢油污染应急能力规划提供了法律支持。

（1）港口码头企业在溢油应急能力建设中负有重要责任。《防污条例》第十三条规定，港口、码头、装卸站以及从事船舶修造、打捞、拆解等作业活动的单位应当制定有关安全营运和防治污染的管理制度，按照国家有关防治船舶及其有关作业活动污染海洋环境的规范和标准，配备相应的防治污染设备和器材。该条第二款同时规定，上述单位应当定期检查、维护配备的防治污染设备和器材，确保防治污染设备和器材符合防治船舶及其有关作业活动污染海洋环境的要求。新《防污条例》将要求配备防治污染设备和器材的责任主体，由原来限定的装卸油类的港口、码头，扩展至所有的港口、码头和装卸站，进一步增强了港口企业、码头企业在溢油应急能力建设中的责任。

（2）沿海地方政府溢油应急能力建设的责任越来越明确。《防污条例》第五条规定：沿海设区的市级以上地方人民政府应当按照国务院批准的防治船舶及其有关作业活动污染海洋环境应急能力建设规划，并根据本地区的实际情况，组织编制相应的防治船舶及其有关作业活动污染海洋环境应急能力建设规划；第八条规定：国务院交通运输主管部门、沿海设区的市级以上地方人民政府应当按照防治船舶及其有关作业活动污染海洋环境应急能力建设规划，建立专业应急队伍和应急设备库，配备专用的设施、设备和器材。本条明确了沿海设区的市级以上地方人民政府编制规划、建立应急设备库和专业队伍的责任。因此，《防污条例》从法规层面，对地方政府统筹规划加强海上溢油应急能力建设提出了明确的要求。

（3）有关港口码头防污设备配备的行业标准进一步完善。为配合《防污条例》的落实，2009年，交通运输部对2001年制定的行业推荐标准——《港口码头溢油应急设备配备要求》进行了修订，形成与《防污条例》配套的《港口码头溢油应急设备配备要求（JT/T 451－2009）》（以下简称《配备要求》），该标准由于《防污条例》第十三条的引用，其实已经成为强制性标准。

可以说，新《防污条例》的颁布实施，为天津海事局防治船舶溢油应急能力建设“十二五”规划奠定了立法基础。

3. 天津海上溢油污染事故空间分布

编写小组查阅了2002～2010年天津港船舶海上溢油事故案卷。2002～2010年，天津辖区共发生船舶污染事故75起，其中海损性事故14起（其中6起导致船舶沉没），共导致288.77吨液体货物或船用油泄漏；操作性事故61起，共导致6.94吨液体货物或船用油和16.44吨含油污水泄漏。从事故发生的风险来看，涉及船员的操作性事故占到事故总数的81.3%。可见，船舶进出港艘次的增加、船舶活动（如供油作业、装卸油类作业、船舶残油类物质接收等）的增多导致船员操作性溢油事故风险增大。

天津港海域污染事故的空间分布主要在锚地和远海区域。在编制防治船舶溢油污染海洋环境“十二五”规划时，除考虑码头前沿水域以外，还应重点兼顾锚地及锚地以外的远海水域。

4. 联防模式的提出

编写小组认为，如果每个码头均按标准配备防污设备，虽然满足《防污条例》的规定，但必然造成码头防污设备的重复配备，导致资金使用效率低下。而且，按此模式配备防污器材，没有考虑天津海上船舶溢油污染事故发生的空间分布规律和远海应急需要，对天津海上总体溢油应急能力没有明显提升。此外，如果每个码头都分布配备，一旦天津海上发生大规模溢油事故，事故应急调派防污设备时，由于这些防污设备分散分布在各码头公司，需要分别从各码头公司出库装船，不利于污染快速反应。

编写小组通过对《防污条例》的学习领会和天津港口码头整体溢油应急能力水平的掌握，结合天津港海上船舶溢油污染事故空间分布的规律，一个大胆而创新的联防模式正在逐步酝酿成熟：根据《防污条例》对码头防污设备和器材的强制性配备要求，在海事管理机构的主导下，由相应港区的码头公司组成联防体，集中联防体码头原计划用于购置防污设备的专款资金，用于建设溢油应急设备库，统筹好码头水域和远海水域的溢油应急要求，合理配置防污器材。设备库及其配置的设备、器材，所有权属于参与联防的码头公司。

为合理设置设备库，编写小组结合天津港海上船舶溢油污染事故发生空间分布规律，统筹兼顾码头、港区、锚地和远海溢油应急需要，依托天津港“一港八区”规划布局，初步拟定了建设东疆港区、北疆港区、南疆港区、大沽口港区和南港港区 5 个溢油应急设备库的方案。

其中，东疆溢油应急设备库由天津港北港池内的码头企业联防出资建设；北疆溢油应急设备库由天津港集团公司所属的其他码头企业（北港池码头企业除外）联防出资建设；南疆溢油应急设备库由中海油、中石油公司负责出资建设；大沽口溢油应急设备库由临港港区码头企业和南疆南部港区码头企业联防出资建设；南港溢油应急设备库由南港港区的码头企业联防出资建设。

关于设备库的运行维护费用，由功能区管委会与联防体码头企业共同分担。

5. 联防模式的主要内容

港口码头企业为联防主体。按照《防污条例》的要求，港口码头具有配备防污设备和器材的法定义务。因此，联防机制下，建设 5 座溢油应急设备库，出资和建设的主体是天津港相应港区的码头企业。

社会力量为应急辅助力量。积极扶持海上溢油应急社会力量，按照国家关于船舶污染清除作业单位资质要求，整合现有天津港内船舶污油水接收企业及其防污设备和资源，形成4～5家具有一级资质的船舶污染清除作业单位，作为海上溢油应急资源的有效补充。同时，加强对取得一级资质单位企业从业人员的培训，力争将其打造成为海上溢油应急的专业队伍。

地方政府主导，海事牵头实施。在天津市政府的统一领导下，组建由分管市领导为组长、各相关部门为成员的天津市防治船舶溢油污染海洋环境应急能力建设领导小组，研究建立工作方案，组织落实各项保障措施。推动在市政府层面设立政府溢油应急专项储备资金，用于设备维护和更新、应急培训和演练、应急补偿以及办公费用等方面。具体的联防机制由天津海事局负责牵头组织落实。

6. 党政联席会确定联防设备库方案

2010年5月，天津海事局领导班子再次召开党政联席会议，听取各分规划起草、编制进度。轮到防污分规划汇报时，危防处向局领导汇报了规划背景、规划依据、天津港海上船舶溢油污染事故发生的规律，以及编写小组初步确定的联防机制。

局领导听取汇报后一致认为，近年来天津港吞吐量和船舶流量快速增长，船舶溢油风险不断增大，与天津港海上溢油应急能力总体不足的现状已经十分矛盾，港口、码头企业只重经营而轻环保、追求效益而轻社会责任的发展模式已经到了必须转型的关键时期，《防污条例》的生效实施，为港口码头企业履行海洋环境保护义务，依法依规配备防污设备和器材提供了法规支持。

局领导一致高度认可危防处提出的联防模式。局领导认为，采取联防模式集中建设5个港区设备库的规划方案，既有效履行了法规赋予海事管理机构的职责，又创新了政府部门的行政管理模式，地方政府和港口、码头企业在不增加额外资金投入的情况下，使天津的海上溢油应急能力得到了显著的提升。规划思路很好，可行性强，予以肯定和表扬。

同时，局领导也提出了三个方面的问题，危防处进行了解答。

问题一：设备库建设资金问题。规划是按照码头联防体共同出资建设设备库，如果码头拒绝出资，我局有何应对措施继续推进？

答：根据《防污条例》，按照标准配备防污设备和器材是每个码头应尽的法定义务；而且联防模式并未增加码头公司额外资金投入。《防污条例》还赋予了海事管理机构两项法定职权：一是防污专项能力验收；二是监督检查权力。通过码头防污专项能力验收的形式，推动码头参加海港区的联防体，否则不予验收；其次是监督检查手段。《防污条例》第五十九条规定，港口、码头、装卸站未配备防治污染设备、器材的，由海事管理机构依照《中华人民共和国海洋环境保护法》有关规定予以处罚，处罚额度在二万元以上十万元以下。因此，法律强制力是实施规划的有力推手。尽管如此，我局仍需做好规划的宣传工作，增进码头公司乃至天津港集团公司的理解和支持，确保规划的顺利实施。

问题二：设备库建成后，后期如何运行维护？经费如何解决？

答：设备库建成后，后期运行维护经费分三种情况：一是北疆设备库由天津港负责建设及后期运行维护管理；二是南疆设备库由中海油和中石油两家公司负责运行维护；三是属地功能区设有管委会的，如东疆、大沽口（临港）和南港港区，运行维护费用采取以管委会出资为主、联防体分担承担的模式。负责运行维护的单位，可以由设备库管理部门采取委托或者购买服务的方式进行。

问题三：功能区管委会对设备库后期运行维护经费会不会不予支持?

答：目前，天津港“一港八区”规划范围内，在东疆、大沽口（即临港）和南港港区设有天津市政府的管委会。根据《防污条例》的有关规定，沿海地方人民政府应当按照防治船舶及其有关作业活动污染海洋环境应急能力进行规划，建立专业应急队伍和应急设备库，配备专用的设施、设备和器材。在我局的主导下，码头公司组建联防体共同出资建设设备库并购置防污器材，地方政府实际上节约了大笔用于设备库建设和购买设备的资金，而只需负责后期相应的运行维护，相信这是地方政府最乐意看到的情况。因此，只要做好协调、沟通和解释工作，经费支持问题不大。

危防处的解释消除了局领导的疑虑。对规划本身，局领导提出了三点修改建议：第一，要对规划确定的联防模式进一步细化。对联防体组成，具体到每一港区的码头单位。联防模式要本着先易后难的原则，先由天津港规划的“一港八区”入手组建联防体，先行推进；后续条件成熟时，再将海河及其他港区内货主码头、其他生产泊位、非生产泊位等纳入联防模式。第二，完善设备库建设标准和实施序列。对规划的5个设备库，完善库房容量、投资估算、资金来源和实施序列信息。第三，落实《防污条例》中沿海地方政府关于编制防治船舶污染海域规划的规定，以本防污分规划为蓝本，协助天津市政府编制防治船舶溢油污染海洋环境应急能力建设专项规划。

局领导原则通过联防方案规划。会后，危防处根据天津海事局党政联席会上局领导的要求，对规划方案中的联防体构成方案（见表3）和设备库建设规划（见表4）进行了完善，最终在2010年11月天津海事局党政联席会上通过。

表3　　天津港溢油污染联防体初步方案

设备库名称	应急范围	联防体构成
东疆设备库	东疆港区、北塘港区、北支航道水域及天津港其他水域溢油应急的需要	北港池内码头公司，共8家单位。包括：（1）天津港联盟国际集装箱码头有限公司；（2）天津五洲国际集装箱码头有限公司；（3）天津港滚装码头有限公司；（4）天津港环球滚装码头有限公司；（5）天津港欧亚国际集装箱码头有限公司；（6）天津港汇盛码头有限公司；（7）天津港太平洋国际集装箱码头有限公司；（8）天津港国际邮轮母港码头有限公司
北疆设备库	天津港主航道水域及天津港其他水域溢油应急的需要	除北港池码头公司以外的天津港集团所属其他码头公司，共12家单位。包括：（1）天津港第一港埠有限公司；（2）天津港第二港埠有限公司；（3）天津港第四港埠有限公司；（4）天津港第五港埠有限公司；（5）天津港中化石化码头有限公司；（6）南疆中航油码头公司；（7）天津港石油化工码头有限公司；（8）天津港焦炭码头有限公司；（9）天津港煤码头有限公司；（10）天津港远航石码头有限公司；（11）南疆神华煤炭码头公司；（12）天津港实华原油码头有限公司
南疆设备库	南疆港区水域及天津港其他水域溢油应急的需要	中海石油环保服务（天津）有限公司和中石油公司应急中心
大沽口设备库	大沽沙航道水域、临港工业区和临港产业区水域及天津港其他水域溢油应急的需要	南疆港区南侧码头单位和临港港区码头单位，共7家单位。包括：（1）中海油天津液化天然气有限责任公司；（2）天津临港港务集团有限公司；（3）天津临港滨海港务有限公司；（4）天津临港思多而特码头有限公司；（5）天津临港孚宝码头有限公司；（6）天津博迈科码头有限公司；（7）天津中粮佳悦码头有限公司
南港设备库	南港工业区水域及天津港其他水域溢油应急的需要	联防单位为南港（大港）港区的各码头生产单位

表 4　　天津溢油应急设备库建设规划

设备库名称	库房面积（平方米）	设备库功能	清除能力（吨）	投资估算	资金来源（万元）			管理模式	实施年度
					国家	地方	企业		
东疆设备库	1000	溢油应急	500	1500 万元（不包括船舶）	库房建设	100 万元/年	1500 万元	天津海事局负责（东疆管委会承担部分管理费用 100 万元/年）	2012 年
北疆设备库	不小于 2000	溢油应急	1000	4000 万元（包括 1 艘溢油回收船）			4000 万元（天津港集团）	天津港（集团）有限公司负责（维护费用 200 万元/年）	2013 年
南疆设备库	1000	溢油应急	500				中海油和中石油	中海油和中石油各自负责	已完成
大沽口设备库	2000	溢泊应急	1000	2500 万元（不包括船舶）	库房建设	150 万元/年	2500 万元	天津海事局负责（临港管委会承担维护费用 150 万元/年）	2014 年
南港设备库	3000	溢油应急	1500	3000 万元（不包括船舶）		3000 万元		由南港管委会自行管理或由天津海事局负责管理（管理费用 200 万元/年，由南港管委会负责）	在港区基本建设完成时完成设备库建设

7. 规划得到天津市政府批复

按照局领导班子的决策，天津海事局开始协助天津市政府编制防治船舶溢油污染海洋环境应急能力建设专项规划。2011 年 5 月 13 日，危防处起草了《关于加强天津海上溢油应急能力建设的请示》，由局领导签发后报天津市政府，获分管副市长批示：同意，请交通港口局牵头制订方案；2011 年 5 月 23 日，市交通港口局与天津海事局针对此项工作进行了初步沟通；2011 年 6 月 7 日，市交通港口局与天津海事局召开座谈会，确定了工作方案，由天津海事局代天津市人民政府起草《天津市防治船舶溢油污染海洋环境应急能力建设专项规划》；2011 年 10 月，天津海事局完成规划初稿的起草，期间与市交通港口局进行了多次研讨，并对规划内容进行了修改完善；2011 年 11 月 3 日，市交通港口局组织召开天津市溢油应急能力建设工作会议，天津市发改委、市安监局、市应急办、市环保局、市海洋局、天津海事局、滨海新区人民政府相关负责同志参加了会议，根据各参会单位的意见，市交通港口局和天津海事局共同对规划内容进行了修改；2011 年 11 月 29 日，市交通港口局组织召开了《天津市防治船舶溢油污染海洋环境应急能力建设专项规划》专家审查会，天津市发改委、市安监局、市环保局、市海洋局、市水产局、市应急办、天津海事局和滨海新区人民政府的代表参加了会议，来自海洋、环保、安监以及规划设计部门的专家组成了专家组，规划顺利通过了专家审查；天津海事局分别于 2011 年 12 月 9 日和 2012 年 3 月 1 日两次针对《天津市防治船舶溢油污染海洋环境应急能力建设专项规划》（征求意见稿）对外征求意见，并根据各部门反馈意见对规划进行了修改完善。2012 年 4 月，《天津市防治船舶污染海洋环境应急能力建设专项规划》（以下简称《规划》）由市政府发布，天津海事局负责《规划》的组织实施。

四、做好《规划》实施前的宣传和准备

2011 年，是“十二五”开局之年。为落实规划，天津海事局开始加强对规划的宣传，协调各方增进理解和共识，以便有效推进联防模式的实施。天津海事局首先布置了对天津港区码头防污设备、器材配备情况的监

督检查和摸底，同时要求分支海事管理机构加强对《防污条例》的宣传力度。

经过天津海事局全局上下对新《防污条例》的宣传和对码头的监督检查，天津港各码头公司对配备防污应急设备、器材的义务责任有了深刻的理解。码头防污专项验收也有序推进，首先完成了太平洋国际集装箱码头公司等新建码头的防污验收，并在验收过程中推进联防体的组建。在天津港集团和各功能区管委会层面，通过双方高层领导的多次座谈和协调，增进了各方对联防模式的共识，消除了疑虑，为后来实施《规划》奠定了基础。

五、《规划》进入实施阶段再起波澜

2012年4月，基于联防机制的《天津市防治船舶污染海洋环境应急能力建设专项规划》进入实质实施阶段。由于前期一年多的宣传，配合监督检查和防污专项验收，大部分码头按照联防机制要求，向联防体专用账户打入了设备购置资金，但部分码头却当起了“老赖”，以各种理由和借口不缴纳联防资金，某30万吨级码头和矿石码头公司便是其中之一。由于有未缴的情况，部分码头公司仍处于观望状态。联防体不缴纳资金，不仅造成设备购置的延迟，而且还可能影响设备库建设的进度，影响《规划》的实施。

危防处掌握这一情况后，给尚未缴纳联防专款资金的码头单位书面发函，下达了最后通牒：限在5月1日零时缴纳联防专款资金，逾期不交的，按照码头不符合船舶靠泊的防污染条件处理，不予批准船舶进口岸申请，不安排国际航行船舶进港靠泊；同时启动行政调查程序。

文件下发后，达到了预期效果，相关单位陆续缴纳了设备库联防资金。到29日上午，只有某30万吨码头仍没有交。危防处直接致电码头总经理办公室，明确告知今天是最后期限，5月1日零时起将停止码头进靠船舶。电话那头连忙赔礼，赶紧请求不要停船舶动态，如果停动态的话码头一天损失比缴纳的联防资金还要多。现在确实资金周转有困难，但是没关系，将立即通知财务人员，马上从银行申请贷款，下午保证把钱打到专用账户。果然，下午即收到了资金到账的信息。

六、《规划》落实成果丰硕

设备库建设成果显著。随着《规划》的推进落实，天津溢油污染联防机制取得突出实效。2014年6月，首座联防设备库——大沽口溢油应急设备库正式启用；2015年4月，北疆溢油应急设备库也正式投入使用；2015年7月，东疆溢油应急设备库投入使用；2015年11月，天津首艘“联防机制”模式下的2000吨专业溢油应急处置船交付使用，同时大港（南港）溢油应急设备库已启动建设。

通过联防模式建立设备库，有效落实了《防污条例》中港口码头防治船舶污染海洋环境的主体责任，使港口防污应急装备建设得到了巨幅提升。原来天津港码头（社会力量除外）仅2个油码头配备有防污设备，围油栏长度仅2000米，油拖网2副；收油机总回收能力40立方米/小时，消油剂4吨，吸附材料5吨。截至2015年11月，天津港已建成投入使用的东疆、北疆、大沽口三个设备库，围油栏长度17000米，收油机总回收能力1430立方米/小时，新投入使用2000吨级溢油回收船1艘，新增消油剂2.5吨，吸附材料10吨；配备船舶堵漏工具15套，以及各类人员防护装备。

社会应急力量得到了长足发展。截至2015年末，天津有5家企业取得国家一级船舶污染清除作业单位资质，这些单位作为天津海上污染应急的骨干力量，按照市场机制运作，在经营自身业务的同时，不断加大防污应急力量的投入，建设了自己的应急队伍和应急设备库，这5家企业现有设备库总占地面积6000余平方米，拥有围油栏58000米、防火围油栏2200米，收油机总回收能力4000立方米/小时、消油剂100余吨、吸油毡110吨，吸油拖栏24000米，专业溢油应急处置船10艘，辅助船舶32艘，溢油应急高级指挥人员18人、现场指挥人员40人、操作人员200人，具备了港区水域一次控制清除溢油500吨的能力。

溢油联防“天津模式”基本形成。2015年末，联防模式有效推进，设备库建设成果显著，社会应急力量长足发展，使天津市海上一次溢油控制清除能力超过了1000吨，这标志着以“政府主导、海事组织、企业运营、全社会共同参与”为特点的海上溢油应急能力建设联防模式即“天津模式”逐渐成型。

《规划》实施的3年多时间，天津海事局成功组织海上污染事故应急行动12次，挽回直接经济损失达十多亿元，得到国外船东、国内船公司以及港口码头企业的高度肯定，有效履行了保障海上人命安全、防止海洋污染的职责，为服务天津经济社会发展作出了积极贡献。

七、结束语

保护海洋环境、防治海洋污染是政府的一项基本职责。防治船舶溢油污染海洋环境，需要国家、港口、码头、船舶等各自承担相应的责任。港口的发展离不开船舶，而只要有船舶活动，则存在溢油污染的风险。因此，码头公司在港口经营过程中具有外部性。计划靠泊的船舶在进出港的过程中，发生溢油污染事故，导致海洋生态环境损害，于是产生了负外部性。天津海事局主导的防治船舶溢油污染联防模式，是解决码头公司经营过程中负外部性的有效手段。通过联防模式，统筹兼顾了码头水域和远海水域溢油两个方面的应急需要，使天津港溢油应急资源配置达到了最优，显著提升了天津海上溢油应急能力。溢油污染联防的“天津模式”，是政府主导下公共管理的成功案例，为我国其他沿海、沿江地区防治船舶溢油污染提供了可复制、可推广的经验。

思　考　题

1. 天津海上污染应急联防机制及其设备库的管理经验是否可复制、可推广？

2. 如何消除码头经营活动中的负外部性问题，如海洋环境污染？

3. 政府、企业和社会在海洋环境保护中的角色和责任分别是什么？

案例教学指导

条块协同　政企合作

——海上溢油污染联防的“天津模式”

一、课前准备

（1）教师课前准备。教师课前必须做好充分准备，收集国内外近来因重大船舶溢油污染事故导致的海洋环境严重损害的有关新闻、视频和照片，加入到PPT课件中；搜集天津港历年来船舶溢油污染事故的位置信息，分析其空间分布规律。

（2）掌握天津港口发展和规划信息。教师和学生在课前，需要了解天津港集团有限公司在天津港口经营中的特殊地位，掌握近年来天津港吞吐量、船舶流量快速增长有关数据，掌握天津港“一港八区”总体规划信息。

（3）掌握有关海洋保护法律法规。课前，组织学生查阅、学习和掌握有关防治船舶污染海洋环境方面的法律、法规和规章，主要掌握《中华人民共和国海洋环境保护法》和《防治船舶污染海洋环境管理条例》的立法变迁，特别是新修订的《防治船舶污染海洋环境管理条例》中有关编制防治船舶污染海洋环境规划、建立专业应急队伍和应急设备库，以及港口码头配备防污设备、器材的要求。

二、适用对象

（1）从事公共管理的政府或政府部门公务员。

（2）具有一定实践经验和专业素养的应用型专业硕士研究生，在公共管理学科为MPA。

三、教学目标

（1）了解海上船舶溢油事故特点及其应急管理的特殊性。

（2）了解天津市溢油事故联防机制，分析其有效性及仍待进一步完善之处。

（3）探讨天津市溢油事故应急联防机制在其他类型突发事件应对中的适用性。

四、要点分析

1. 船舶活动对海洋环境的影响

船舶具有运量大、成本低的特点，是国际贸易商品运输的主要工具。随着国与国之间贸易的加强，船舶活动明显增多，船舶大型化趋势进程加快。由于船舶的大型化，意味着船舶可以载运更多的货物，可以进一步降低船舶运输费用，在航运市场竞争中处于优势地位。但大型化导致的另一个结果是，船舶必须携带更多的燃油。由于船舶大型化和船舶活动增多的双重影响，船舶发生溢油事故和重大溢油风险的概率上升，由此导致的海洋环境损害开始受到世界各国的普遍的关注。

石油是船舶动力的主要燃料，但石油具有毒性，通常成品油毒性高于原油，低分子烃类毒性大于高分子烃类。石油进入海洋后，会给海洋生态环境资源造成巨大的损失，同时也给海水养殖业、渔业、旅游业等海洋产业带来严重影响。通常这种危害持续时间较长，因此一旦发生溢油事故，应立即采取相应的措施来保护海洋资源。

2. 国内港口码头溢油应急能力建设困局

（1）立法缺失。2009 年，国务院发布了《防治船舶污染海洋环境管理条例》（以下简称《防污条例》）。而在此之前，相关法律、法规对港口溢油应急能力建设的立法处于空白状态。在港口、码头配备防污器材义务方面，《中华人民共和国海洋环境保护法》也仅要求装卸油类的港口、码头需要配备必要的防污设备和器材，除此以外的其他码头则没有配备的义务。因此，其他码头对防污设备、器材配备的积极性不高。对于一个港口整体而言，装卸油类作业的码头毕竟是少数，其他码头，如散杂货、集装箱、滚装、液化气体和散装液体物质码头占据港口码头数量的主要地位。由于立法的缺失，导致港口、码头整体防污设备、器材数量不足，溢油应急能力有限。

（2）责任缺位。海洋生态环境保护是政府必须提供的基层公共服务，防治船舶污染海洋环境是政府应尽的责任。2009 年以前，在国家层面还没有建立关于防治船舶溢油应急能力建设的国家规划、方案或体系；沿海的地方政府也缺乏相应的防治船舶溢油污染的规划，对海上溢油应急能力建设的投入不足。码头企业作为港口经营的主体，应当负有防治船舶污染海洋的相应社会责任。但由于立法的缺失，码头企业更重经营而轻环保、追求利润而轻社会责任。因此，码头企业对防治船舶污染海洋环境的投入不够、动力不足。

（3）矛盾形成。一方面，随着我国经济的发展和国际贸易的增长，港口的吞吐量、船舶进出港艘次逐年递增，导致港口水域船舶活动明显增多，船舶溢油风险增大；另一方面，由于立法缺失和责任缺位，港口溢油应急能力建设停滞不前，导致港口的快速发展与港口溢油应急能力建设不相适应，形成矛盾的对立两面。

3. 天津溢油污染联防模式达到资源配置最优

（1）实现了资源的整合，提高了资源的配置效率。根据《防污条例》，各码头应依照《港口码头溢油应急设备配备要求（JT/T 451 – 2001）》（以下简称《配备要求》）配备防污设备和器材。但如果港口内每个码头各自为政，均按《配备要求》的标准配备防污设备和器材，不仅造成防污设备、器材的大量重复配置，而且对港口海上总体溢油应急能力的提升作用也不明显。在这种情况下，政府主导的优势充分体现，天津海事局作为防治船舶污染海洋环境的主管机关，立足天津海上溢油应急能力建设的总体把握，统筹考虑码头、航道、锚地和其他港外水域的溢油风险防控，推进实施码头联防，有效整合资源，合理配置设备，在码头同样出资额度情况下，实现了天津海上溢油应急能力的总体提升，提高了资源的配置效率。

（2）提升了天津远海溢油处置能力。由于设备库的设备配备统筹兼顾了码头水域和锚地等远海水域两个方面的应急需要，有效消除了单个码头防污设备、器材配备仅能满足本码头水域污染防控的局限性。在联防模式下，通过建立现代化的专业清污船，进一步提高了远海溢油应急处置的效率和机动性。

（3）提高了污染应急响应的速度。时间就是效率，海上溢油污染事故，尤其是大型溢油事故发生时，快速应急反应显得尤为重要。由于各设备库依托各港区而建，而且设备集中存放在库中由专业运维单位维护，一旦某一港区发生溢油污染事故，可以实现从该港区设备库中快速调取溢油应急设备。当本港区设备库不能完成应对时，主管机关可以调用临近港区设备库内的设备。由于溢油污染设备、器材集中存放在设备库中，在污染应急时避免了从各码头依次调用防污设备的繁琐过程，简化了应急流程，有利于提高应急响应速度。

（4）达到了政府公共管理的帕累托最优。各码头企业必须按照标准配备防污设备和器材，是《防污条例》强制的义务。在联防模式框架下，各码头企业将原计划用于购置防污设备和器材的资金，以区域联防的形式集中起来，用于建设设备库并配置防污设备。可见，在联防模式下，参与联防的企业并没有因此而增加支出；在地方政府层面，按照《防污条例》的要求，应编制防治船舶污染的应急规划，建设专业应急队伍和设备库。由于联防模式企业防污责任的落实，地方政府节省了建设设备库和购置防污设备、器材的相应支出。结合之前的分析，地方政府、联防码头企业在没有增加支出的情况下，实现了天津港海上溢油应急能力的总体提升。根据帕累托最优的定义可知，天津港海上溢油应急能力提升，并没有使联防企业和地方政府的利益受到损害，达到了天津港海上溢油应急资源配置的最优。

4. 政府权力在实施联防模式中不可忽视的作用

（1）通过完善立法解决负外部性问题。海洋资源具有非竞争性和非排他性，是典型的公共物品。船舶在进出港过程中发生事故，向海洋排放油类等污染物，造成海洋环境损害，此时产生了负外部性。码头企业依靠装卸进出港船舶载运的货物而获得利润，对解决该外部性应承担相应的责任。由于海洋的公共物品属性，产权属于政府，因此，通过政府行政手段来解决负外部性问题是有效的。完善对海洋环境保护的立法，从法制层面确定码头企业的船舶污染防治义务，是有效手段之一。所以，2009 年国务院新修订的《防污条例》从立法精神上体现了对港口、码头负外部性的解决途径，即所有港口、码头均应按照标准配备防污设备和器材。

（2）通过编制规划促成联防机制。在提供公共服务方面，政府往往能从宏观大局出发，统筹考虑各方利益，达到公共服务效率和受益的最大化。单个码头按照标准配备防污设备和器材，固然履行了法定义务，满足了法规的要求，但对港口整体溢油应急能力并没有显著提升，反而导致设备的重复配置，造成资源配置效率低下。而政府主导下的联防模式，做到了有统有筹，有效解决了资源配置效率问题。通过地方政府批准溢油污染联防的规划，将联防模式上升为地方政府的意志，为联防模式的有效推广铺平了道路。

（3）通过行政手段确保执行到位。天津市政府已经批准了防治船舶溢油污染应急能力建设的专项规划，即具有了法律效力，接下来就是如何落实的问题。天津市政府在批准规划时明确，由天津海事局会同市有关部门、有关区县人民政府采取有效措施，确保规划的顺利实施。由海事管理机构牵头实施规划有着先天的优势。首先，海事管理机构具有专业性，充分了解和掌握防治船舶污染海洋环境的专业技能，具有组织船舶溢油应急的能力；其次，港口、码头企业不履行防污设备、器材配备义务，根据《防污条例》的规定，海事管理机构可以责令改正，拒不改正的，海事管理机构可以责令其停止作业，并依照《海洋环境保护法》的有关规定，对港口、码头企业进行行政处罚；最后，港口、码头未按标准配备防污设备和器材，导致码头、泊位不符合防治船舶污染的法定要求，根据《中华人民共和国海事行政许可条件规定》中关于国际航行船舶进出口岸审批的条件，海事管理机构可以不予行政许可，即禁止国际航行船舶进港靠泊。

实践证明，政府权力在主导联防模式以及在批准规划后的实施过程中起到了关键作用，是确保规划及联防模式顺利实施的有效手段。

五、课堂安排

本案例教学的展开，主要通过分组讨论的形式来实现，教师的视频、图片展示为辅助，课程时长为120分钟。

（1）课程开篇。播放近年来国内外重大船舶溢油事故有关视频、图片和资料，让学员了解船舶溢油事故对海洋环境造成的危害，增进对船舶溢油应急的认识（20分钟）。

（2）背景介绍。介绍《防污条例》生效实施前天津港港口吞吐量、船舶进出港艘次快速增长与港口溢油应急能力矛盾的现状，介绍天津港船舶溢油事故的空间分布规律，了解天津港“一港八区”的总体规划（20分钟）。

（3）分组讨论。将学员分成若干小组，对港口码头溢油应急能力建设进行讨论。

第一步，提出问题，对天津港港口吞吐量、船舶进出港艘次快速增长与港口溢油应急能力矛盾形成的原因、如何破题进行讨论（15 分钟）。

第二步，介绍天津港海上溢油污染联防模式的主要经验和做法，包括政府权力在促进形成联防模式方面的作用，让学员进行讨论和评价。形成小组统一认识后，再进行集中交流汇总（50 分钟：其中讨论过程 30 分钟，小组汇报 20 分钟）。

（4）教师归纳总结。根据学生发言情况，结合案例，教师做简要点评（15 分钟）。

六、其他教学支持

软板、计算机和投影仪。课堂中老师所做的有关的理论介绍及最后的陈述可用 PPT 或板书、软板展示。

政府雇员体制的出路与挑战

杨书文　宗　麟*

2012 年 3 月，天津高新区制定出台了《天津滨海高新技术产业开发区合同制雇员管理暂行规定》，并于同年 9 月启动首批面向社会的政府雇员公开招聘工作。截至 2015 年，高新区累计招聘政府雇员近 200 人，广泛分布在高新区工委、管委会机关及各直属事业单位，从事招商引资、窗口业务、党群以及机关其他工作，在高新区跨越式发展的关键时期发挥着日益重要的作用。而随着政府雇员制度的推进，体制本身却不断受到来自各界的质疑，而广大政府雇员也对自身的角色定位和今后的出路感到困惑。政府雇员制度还能坚持多久，体制机制上的矛盾又如何化解，需要决策者认真思考。

一、政府雇员制度起源

政府雇员制度产生于西方。特别是 20 世纪 90 年度以来，西方国家对公务员制度进行了大范围改革，其中之一就是推行以聘用合同制为核心的政府雇员制。从 1997 年开始，澳大利亚除 15% 的老公务员是终身制，其他公务员均已实行合同制，一般是一年一签。而新西兰则早在 1991 年就颁布了《政府雇用合同法》，公务员实行雇用合同制，一般公务员实行一年一签，高级公务员五年一签。而美国政府工作人员中，非常任、临时性政府雇员比例占了近一半。可以说，在新公共管理浪潮背景下，政府雇员制

* 杨书文，天津财经大学财税与公共管理学院副院长、MPA 教育中心主任，副教授。宗麟，天津滨海高新技术产业开发区人力资源和社会保障局，主任科员。

的提出是西方传统官僚体制的一次深刻变革。

而随着中国加入WTO，加快政府职能转变的呼声日益提高。为打造专业化的机关人才队伍，满足政府部门对部分特殊人才的需求，吉林省人民政府于2002年6月印发全国第一部地方性政府雇员管理试行办法，标志着我国政府雇员制在实践方面迈出了重要的第一步。随后，珠海、深圳、上海、无锡、武汉等地方政府也纷纷效法，受到了社会各界的广泛关注。

二、高新区政府雇员制出台背景

1. 天津高新区基本情况

天津滨海高新技术产业开发区（以下简称“天津高新区”）成立于1991年，其前身为天津新技术产业园区，是经国务院批准成立的首批国家高新技术产业开发区。20多年来，高新区持续快速发展，地区生产总值年增长率始终保持在20%以上，2014年更是首次跃上千亿元大关，稳居全市各区县（含功能区）前列，成为推动滨海新区乃至全市经济发展的重要引擎。而高新区行政区划面积也由起步区华苑科技园（环内）的2平方公里，发展到目前规划面积近270平方公里，地跨南开、西青、东丽、宁河和滨海新区（塘沽）五区。

而与日新月异的经济社会发展相比，高新区在机构规模和干部数量方面却严重滞后，远远不能适应发展的要求。截至2012年上半年，高新区党政机关及直属事业单位的在编干部人员总数不足200人。作为由两个正局级行政机关（即高新区工委、管委会，相当于地方党委和政府）以及若干直属事业单位所组成的功能区党政管理机构，高新区在编干部人数仅相当于同级地方政府下属的一个委办局、街镇甚至科级单位的人员规模。机关各部门（正处级）平均人数不足4人。其中，人数最多的部门仅有干部17名，部分部门甚至仅有1~2名工作人员。受到人数限制，高新区管理机构高度扁平化，不仅科级及以下干部“一人多岗”，从事着相当于地方同级部门几个科室的工作，甚至部门主要负责人也要直接参与或承担部分具体工作，其工作强度和压力可想而知。针对这一情况，高新区有关领导和编制部门通过各种渠道向上级编制部门申请增加编制，但在全国范围内精简压缩行政事业编制的大背景下，高新区申请增编的要求始终得不到解决。目前，高新区在区域管理和服务方面捉襟见肘，暗藏着巨大的风险隐患。

2. 高新区政府雇员制度出台背景

为缓解编制人员不足的压力，部分部门曾经聘用少量的临时性工作人员（主要是退休返聘人员）从事阶段性工作，但由于岗位缺乏稳定性，人员待遇偏低，总体上难以满足部门的要求。在此情况下，为深化高新区干部人事制度改革，进一步推进高新区行政效能建设，规范编外人员管理，2012 年 3 月，高新区制定并原则通过了《天津滨海高新技术产业开发区合同制雇员管理暂行规定》（以下简称《规定》），标志着高新区政府雇员制度的正式提出。

可以说，推行政府雇员制度是高新区在机构编制严重不足的情况下做出的无奈选择，一定程度上满足了各部门的人员需求，符合高新区干部队伍年轻化、专业化用人方向。通过充实人员，使部门领导和业务骨干从繁杂的事务性工作中解放出来，更有利于集中精力进行宏观管理、政策研究和创新发展等工作。

3. 高新区政府雇员制度设计

高新区在政府雇员制度设计上具有以下特点：

（1）人员身份方面，除了明确政府雇员普遍具有的“三不”（即不具备公务员身份、不占用行政编制、不担任行政职务）的特征外，还规定政府雇员实行劳务派遣形式，从劳动关系方面进一步划清体制内外人员的界限。

（2）合同期限方面，政府雇员聘期一般为 2～3 年，合同期满后可自行终止，也可经双方协商后续签劳动合同。《规定》对于劳动合同续签次数没有明确要求。

（3）管理职责方面，人事主管部门（人社局）负责政府雇员编制核定、招聘方案制定和落实、薪酬福利、年度考核及续聘等工作；各用人部门（单位）负责雇员日常管理和考核；劳务派遣公司按照高新区人事部门意见进行政府雇员合同管理，代发工资福利及缴纳“五险一金”。《规定》

对于雇员待遇增长机制、考核管理也都作了具体说明。

(4) 根据《规定》，实际用工单位有空余行政或事业编制公开招聘人员时，符合招聘条件的雇员可以报名参加考试，同等条件下可优先录用。

高新区在政府雇员制度设计上，一方面，重视明确人员身份问题，避免新的用人制度与公务员法及相关法律法规存在冲突，抑或引发人事争议问题；另一方面，又希望通过较长的合同期限和相对完备的工资福利保障，提高雇员岗位的稳定性和吸引力，最大限度地留住人才。

三、政府雇员体制的现实

1. 高新区试水政府雇员制

2012 年 12 月，高新区通过《天津日报》《今晚报》等天津主要平面媒体，以及国内知名招聘网站公开发布政府雇员招聘启事。首批计划招聘政府雇员 52 人，截至报名截止时间共有 600 余人报名，部分岗位报考人数与招聘人数之比达到 45∶1。考试采用笔试 + 面试的方式，试题类型与国家公务员考试相同。经过层层选拔，最终 52 名同志被录用为高新区首批政府雇员。

从首批录用人员情况分析，录用人员平均年龄 28 周岁，本科及以上学历人员占比达到 95%，具有 2 年以上工作经验人员约占 70%。从用人部门来看，招商服务、开发建设、民计民生以及综合服务部门用人总数合计占比超过 70%，体现出经济功能区的发展特点。

在此之后，高新区又连续三年组织开展政府雇员公开招聘工作，累计招聘雇员人数达到 170 多人，目前在岗雇员约为 150 余人。而在此期间，高新区呈现出爆发式的发展态势：地区生产总值和工业总产值双破千亿元，在全市各区县（含功能区）排名由第八位上升至第三位；科技型中小企业发展迅猛，企业数量位居全市第一，成为天津市“大众创业、万众创新”的聚集地；2014 年 12 月，国务院批复同意支持高新区建设国家自主创新示范区，标志着高新区进入创新发展、率先发展的新阶段。每一个阶段性成果的取得，是高新区全体干部职工共同努力的结果，而作为占高新区机关人员近一半的政府雇员，在其中发挥的作用不言自明。

2. 政府雇员制遭遇“围城”

就在高新区政府雇员制度不断推进并逐步积累经验的同时，先于天津实行政府雇员制的各地方政府却经历着“后政府雇员制时代”带来的种种问题。

首先是全国最早推行政府雇员制度的吉林省于2003年面向社会招聘了三名政府雇员，但三人在2004～2007年的任期内先后离职。而为了避免雇员制度与公务员法及相关法律规定发生冲突，吉林省政府雇员制度也就此悄然落幕。2004年9月，深圳首名政府雇员在2008年1月7日被深圳南山区图书馆以一纸《终止雇员合同通知书》解聘，并由此引发人事争议和数额较大的离职索赔。

从2012年9月至今，天津高新区离职雇员达到近20人，占历次招聘总人数的10%。其中，除两人因不适应岗位要求以及违反单位规章制度被责令离职以外，其余雇员均为主动离职。经过对雇员离职去向的了解，大部分雇员考取了机关事业单位在编人员或大型国有企业正式职工，还有部分是由于出国、生育或其他个人及家庭原因。为了稳定队伍、留住人才，高新区先后两次调整政府雇员的工资待遇，使其略高于天津市公务员平均工资水平。虽然在一定程度上缓解了政府雇员的离职趋势，但由此也可以看到“体制内”对于广大政府雇员所具有的强大吸引力。

而政府雇员编外人员的角色定位同样也让用人部门领导感到为难。政府雇员不具有公务员身份、不占用编制、不行使行政权力的特点，使政府雇员成为机关中被限制使用的群体。政府雇员目前主要从事招商项目跟踪服务、窗口接件及初审、文字材料撰写以及机关勤务工作。对涉及行政审批、行政执法等行使行政权力的岗位则不能安排政府雇员负责，只能辅助在编干部开展工作。这种限制使用使政府雇员的工作积极性在一定程度上受到了压制，从而丧失了在机关内部的话语权。

两种体制带来的问题还有人员收入上的差异，虽然高新区政府雇员的待遇有了很大的提高，但和收入稳定的在编人员相比还有一定差距。而这种收入差距所引发的心理落差随着政府雇员在机关工作时间的延长而日益增加。特别是对于能力强、业绩突出的政府雇员来说，在机关工作不能得到与贡献相匹配的回报（主要体现在相互比较上），将极有可能导致优秀的雇员另谋出路。这明显有违于政府雇员制度设计的初衷，不利于树立机关正确的用人导向。2013 年底，甚至有政府雇员直书高新区主要领导，在汇报个人一年来工作的同时，也隐晦地对自己的编外身份表示了忧虑，希望领导适时予以考虑。

3. 政府雇员制实践问题的探究与反思

政府雇员制被认为是现行公务员制度的一个突破。然而，我国地方政府推行政府雇员制十余年来却屡遭非议，问题不断。学者从宏观角度对雇员制进行了分析，大致可概括为以下五个方面。

（1）政府机关存在非理性扩大的可能。根据著名的尼斯坎南模型，政府在发展过程中，有意无意地都会存在自我膨胀、自我扩张的趋势。而从行政组织的基本要素来看，政府雇员制没有明确的机构设置、权责体系、法规制度等方面的规范，因而容易在引进人员的过程中出现机构臃肿、人员冗余的现象，会增加财政成本，从而加重纳税人负担。而政府雇员制是在公务员管理体制外新增的一种完全不同的人事管理体制，无疑又将导致管理成本的增加。

（2）雇员制度缺乏法律依据，制度建设尚需完善。作为一种仍在摸索阶段的人事管理制度，政府雇员制度目前仍停留在政府规章的层面，如《吉林省人民政府雇员管理试行办法》《深圳市机关事业单位雇员管理试行办法》等，尚未有一部法律能为政府雇员制提供明确的法律依据。而公务员法提出聘任制公务员概念，是对原有公务员体制的补充，也将政府雇员制度置于较为尴尬的地位。在此情况下，各地的政府雇员制度在很多关键问题上的规定还没有统一，由此带来的隐患显而易见。

（3）"双轨制"令组织内部的激励效应难以实现。西方的公务员和政府雇员含义相同，而我国政府雇员和公务员则分属不同的系统，有着不同的体系规则和职业发展路线，中间没有一个法律规定下的转化渠道。在此情况下，端着"泥饭碗"的政府雇员干得再好，也不能对端着"铁饭碗"的公务员形成实质性的威胁，不仅期待中的"鲶鱼效应"难以实现，更容易在机关内部引发新的矛盾，从而影响机关内部的和谐以及政府绩效的提升。

而要建立这样的转化渠道，又需要从法律制度上加以完善，否则将在选人用人的公平性方面产生巨大的争议，给个别人搞“暗箱操作”提供可乘之机，对政府部门的公信力造成损害。总之，如何更好地对优秀雇员进行激励，成为摆在各地政府面前的一道难题。

（4）政府雇员自身利益和需求难以得到保障。政府雇员是从社会上雇用的为政府工作的专门人才，对于很多具有工作经验、能够真正在政府部门中发挥作用的高层次人才而言，这种仅有高薪的聘任条件并没有多少吸引力。雇员与政府以“契约”为联结方式，其人事档案更多的是挂靠于人才市场，这就意味着如果合约到期或中途出现问题而被解约，他们将又会沦为无组织、无保障、徒有技能的“社会人”。从马斯洛需要层次理论分析，高素质人才在职业选择时往往倾向于满足“自我实现的需要”，而政府雇员却甚至可能连最基本的家庭生活需要都无法满足，自然会引发自身期望需求层次与实处需求层次的错位，引发雇员队伍的不稳定。

（5）政府组织的公共性与雇员本身的自利性存在利益冲突。政府组织的公共性决定政府公职人员必须追求社会公共利益的价值最大化，而政府雇员因与政府部门之间存在并不牢固的雇佣关系，存在“经济人”与“公共人”角色的冲突，由此可能产生严重的机会主义倾向。政府雇员会利用其掌握的社会资源寻求短期自身利益最大化，不利于甚至损害社会的整体利益，更容易出现权力寻租甚至职务犯罪。

四、争议中的政府雇员制路在何方

1. 政府雇员制是否是一剂良药

政府雇员制是伴随着市场经济的发展而出现的新生事物，虽然饱受争议，但经过十余年的自我发展，各地在制度推行过程中为我国政府人事制度改革积累了宝贵经验。而这一制度今后是否还有必要存续，今后的发展之路又在何方，值得学术界和各级政府共同思考研究。

从理论上讲，政府雇员制度是针对革除公务员体制的弊端设立的，是对现有公务员选拔体制的补充和完善。通过推行政府雇员制度，能够克服公务员体制“能进不能出，能上不能下”的弊端，激发公务员队伍活力，遏制不断滋生的官僚主义，增加公务员的危机意识、竞争意识和职业意识，避免人员的固化和沉淀，从而提高机关事业单位的行政效能。在人才结构方面，有利于减少“万金油”干部，符合人才队伍专业化的发展方向。

而现实中政府雇员制的实施效果却并不理想，预计中的“鲶鱼效应”并不明显，分槽喂养的“鲶鱼”无法有效激发“鱼群”活力，甚至出现了“鲶鱼”退化或者被同化的情况。与此同时，日渐壮大的雇员群体面临着较为严重的激励和发展困境，相比于工资待遇，他们更关心今后的出路。2012年2月，网名为“sweetpapa”的网友在深圳新闻网的深圳论坛发帖——“完善机关事业单位雇员制的民间建议”，指出深圳市政府雇员制度存在的诸多弊端，包括“职业发展通道闭塞，缺乏激励制度”“薪酬管理不能充分体现激励原则”等，希望能“建立完善的政府雇员职业可持续发展机制”，引发众多网友关注。各地政府雇员的声音也愈发强烈，“我们勤勉工作，却总入不敷出。我们尽职尽责，却毫无保障。”“敢问政府，我们的路在何方?”

政府雇员制到底是不是政府人力资源管理的一剂良方？理论预期通往现实效果之路的障碍究竟是什么？

2. 政府雇员制：路在何方

2005年公布的《中华人民共和国公务员法》（以下简称《公务员法》）首次提出了聘任制公务员的概念，在一定程度上为政府雇员制指明了发展方向。《公务员法》第十六章明确规定：“机关根据工作需要，经省级以上公务员主管部门批准，可以对专业性较强的职位和辅助性职位实行聘任制。”可以说，聘任制公务员是借鉴了雇员制的经验而指出的。由于理论界和实务界对政府雇员制的认识不同，各地做法也不尽相同，有的地区实行的是政府雇员制，有的地区已经突破政府雇员制，采取了公务员聘任制的做法。

深圳大学马敬仁教授认为，雇员制的产生有其特殊的时代特色，对于政府内部形成竞争机制有一定的推动作用。政府雇员制的核心问题还是关系到现行公务员制的改革。“在聘任制公务员推出后，雇员制一定程度上说已经完成了历史使命，不应该再设置相同类型的职位，目前深圳的雇员不应继续扩张。对于雇员应该按照聘用制公务员来进行转轨，具体如何操作，可以由地方政府提出申请，并由国家层面制定有关政策。”马敬仁认为，这种过渡当然无法一蹴而就，也不可能一次性地“一揽子”解决所有问题，但是可以通过一个过程逐年消化，打开雇员转聘为合同制公务员的渠道，公平解决这一问题。

长春行政学院攸笛教授认为，雇员制激励传统的公务员体制进行改进，它使公务员制度更加灵活起来。他预测，未来的聘任公务员将会在高端和低端两个领域出现：一方面是专家，从事专业性强、稀缺的工作；另一方面就是简单的工作人员，从事事务性、操作性的辅助工作。“今后聘任公务员也是公务员的一种，比例会不小，这些人怎样合理使用，工作如何分配，待遇怎样给，会不会冲击到公务员队伍稳定，这些问题都有待探讨解决，也是细则的关键所在。”

五、结束语

2014年初，高新区机关党委会同人社局对高新区行政事业单位政府雇员的思想状况进行了调研，通过开展座谈会、发放调研问卷以及个别谈话等形式，深入了解政府雇员的思想状况、工作和生活遇到的困难，以及对高新区机关工作的意见和建议。在调研过程中，很多政府雇员的问题仍集中在身份和待遇方面，希望高新区能够为政府雇员的发展提供更为宽广的空间，同时最大限度地保障政府雇员与在编干部享有同等的权利。

根据调研反馈的问题，高新区各有关部门进行了认真研究，采取有效措施提高政府雇员的积极性，解决政府雇员在工作和生活上遇到的问题。首先，连续两年对政府雇员的薪酬待遇水平进行了调整，调整后的政府雇员工资待遇略高于天津市公务员平均水平，职工工会福利方面政府雇员也与在编人员享受同等待遇。其次，政府雇员与在编干部纳入同一考核平台，政府雇员可以参与对本部门在编人员的考核评价。

对于广大政府雇员普遍关心的身份问题，人事主管部门已经按照高新区领导要求，探索建立更为有效的政府雇员选拔激励机制。结合功能区的特点，在满足编制的情况下，通过严格的选拔和考察程序，将优秀的政府雇员吸纳为正式在编人员，打破体制和身份壁垒，为政府雇员发展搭建平台。

当然，天津高新区在政府雇员体制改革方面的尝试还有很多需要完善的地方。如何通过科学、有效的制度设计，让政府雇员制的制度期待变为现实，成为“逼迫”传统公务员体制持续改进的“体制鲶鱼”，建设职能科学、结构优化、廉洁高效、人民满意的服务型政府，需要系统思考并在实践中不断总结经验。

案例教学指导

政府雇员体制的出路与挑战

一、教学目的与用途

本案例适合公共管理学、行政组织学、公务员制度、公共部门人力资源管理、领导科学、公共政策分析、政府治理与改革方向的研究生课堂教学。

通过对案例的分析，使学生充分认识政府雇员制这一西方公共管理学理论背景下产生的政府人事管理体制，在中国本土化过程中出现的问题和面临的困境，重点讨论制度未来的发展方向，由此探寻中国政府人力资源管理制度改革的理想模式。

二、启发思考题

（1）现行公务员制度存在哪些不足？

（2）为什么要推行政府雇员制？

（3）和传统公务员制度相比，政府雇员制度的优点和缺点各有哪些？

（4）政府雇员制真正发挥作用需要什么样的制度环境？现有的制度弊端如何克服？

（5）政府雇员制与公务员聘任制有何异同之处？公务员聘任制是不是政府雇员制未来的发展方向？

（6）结合案例，谈谈你对政府部门人力资源管理制度改革的理解。

三、分析思路

本案例分析思路（逻辑路径）如图1所示。

1. 新公共管理理论

新公共管理理论也称“公共管理主义”“以市场为基本导向的公共行政”或是“企业化政府”。它糅合了现代管理学和经济学的原理，主张摒

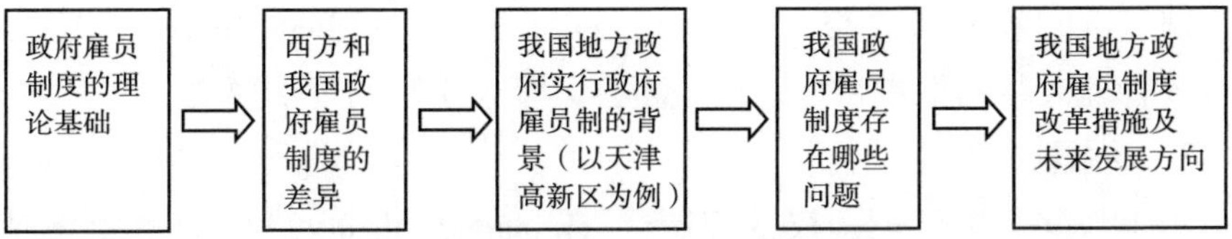

图1　分析思路

弃公共服务供给中传统的官僚制独占模式，在政府机关实行市场化和企业化的运作方式，努力使政府具有高效性、高回应性，同时能肩负起有关责任。最早明确提出新公共管理理论的是美国公共管理学者胡德（C. Hood），他认为新公共管理运动的兴起与政府管理的四大要求导向密切相关，这四大导向分别为：（1）反对政府规模的无序扩大和膨胀，要求对公共开支和机构冗员进行控制；（2）私有化进程不断加快；（3）科学信息技术迅速发展；（4）全球化浪潮不可避免。

此外，胡德还提出了新公共管理理论的七个显著特点：（1）提高公共政策领域中的专业化管理水平；（2）明确绩效的标准和考核办法；（3）重视目标和结果而非过程；（4）公务部门内部由紧密的聚合变成专业的分化；（5）公共部门应更具有竞争力；（6）重视私营部门的管理方法，在用人方式和薪酬制定方面更具有灵活性；（7）要求资源利用应更具有经济性和目的性。

新公共管理理论深刻地影响了20世纪70年代末80年代初的西方政坛。1979年撒切尔夫人执政后，推行了西欧最激进的政府改革计划，其根本精髓在于用商业管理理念进行政府管理。1987年英国提出了著名的《改变政府管理：下一步行动方案》，1991年梅杰政府的《公民宪章》白皮书和《为质量而竞争》的政策文件无一不反映了以顾客为导向和引入市场竞争机制的特点。而在美国，1993年克林顿总统上台后开始了轰轰烈烈的"重塑政府行动"，其目标是创造一个少花钱多办事的政府，改革的基本内容是精简政府机构、裁减政府雇员、放松管制、引入竞争机制和推行绩效管理。这与奥斯本等著的《改革政府：企业精神如何改革着政府公营部门》一书中阐述的如何构建企业型政府的精神不谋而合。此外，新西兰、澳大利亚、德国、法国等国也都进行了不同程度和不同方式的行政改革。

不论上述何种理论或实践，均体现了新公共管理主义的"三 E"核心，即经济、效率和效益（economy, efficiency and effectiveness），这三者是行政管理改革的根本目标，也是新公共管理主义的根本要义。

2. 组织权变理论

20世纪60年代末，权变理论（contingency theory）作为一种管理理论，在经验主义学派基础上进一步发展和成熟，代表人物有劳伦斯、洛西、伍德沃德。西方组织管理学将权变理论解释为一种以应变思想为基础，在制定政策制度时，在不同环境下应有不同的做法，即政策制度要与其所处的环境氛围实现无缝配合才能产生好的效果，每个组织的内在要素和外在条件都各不相同。因此，管理过程中不存在普适的管理策略和方法，管理应随着组织所处的内外环境和组成要素的变化而灵活应变，没有固定的、一成不变的管理方法。好的策略如果放在不适合的环境下就无法产生预期的绩效。管理想要获得成功，核心在于充分了解组织的内外情况，做出及时有效的应对方法。

权变理论使用系统分析的方法，根据组织内部各子系统以及它们之间的关系，还有组织与所处的环境之间的关系，来研究变化中的联系和结构。传统的组织形式是死板的机械式的组织，而组织权变理论重点在于管理中如何依据管理内外环境和要素的改变进行灵活应变，要求具体情况具体分析，寻求不同的适合当时条件的管理方式和方法。权变理论进一步提出，组织应有一个开放的环境，进行权变管理，从而适应和平衡内外环境与内部变化的需要。在环境具有较大的不确定性和动荡性时，其中的组织管理在内部的不同分块应该有更大的管理和应对差异。组织的任务是对这些差异进行适当的整合与统一，将部门间的差异处理好，求同存异，避免组织内部的斗争和矛盾的激化。

传统的政府组织设计强调的是统一完整、稳定一致的原则，等级森严，法律制度为先，组织结构力求稳固和长期沿用，职位固化一成不变。在工业化高速发展的中前期，这种封闭的组织类型在企业和政府中发挥了积极的作用，极大地提高了工作效率，因此备受推崇，广泛沿用。但如今随着全球化和信息化的冲击，国内外经济、政治、文化等瞬息万变，传统的组织形式、职位设置和权力结构等已经不能适应这种变化，这种组织形式显得脱离了时代的发展。美国政治学家拉斯韦尔曾指出，“一个缺乏灵活性和缺乏主动性的刚性系统，以及高度明细的规章制度和过度森严的等级结构是阻碍公共管理保持生机和活力的原因之一。”在此背景下，组织权变理论被西方国家政府广泛应用，也成为各国行政体制改革和人事制度改革的重要理论来源。政府雇员制也是此理论中衍生出的在政府行政管理中的具体应用，用灵活的、弹性的用人方式取代之前固化的、刚性的用人方式，成为各地政府争相实践的内容之一。

3. 委托—代理理论

委托—代理理论（principal-agent theory）由美国经济学家伯利和米恩斯在 20 世纪 30 年代提出，指行为主体根据明确的或隐含的契约规定，委托另一些行为主体在一定的权力和能力范围内从事相关活动。前者需根据委托给后者的任务数量和质量向其支付相应的报酬。在这种关系中，前者是授权者也是委托人，而后者是被授权者也是代理人。委托—代理理论是现代经济学的主要理论之一，研究对象为委托—代理关系，核心思想是所有权和经营权的分离，即所有者保留所有权，而将经营权让渡。委托—代理关系的形成需要两个基本条件：一是交易前存在两个或两个以上的个体或组织，他们相互独立，且在一定条件下追求自身利益最大化；二是市场交易的行为主体掌握的信息不对称，都需要承担一定的风险。

委托—代理理论建立在非对称信息博弈的基础上，这种关系通常被运用到企业的运营当中，企业的所有者通过授予权力将服务外包给拥有相关知识、能力和经历的企业、组织或个人，于是当事人双方就形成了一定委托—代理关系。委托—代理关系不是单向选择，委托人自然可以选择代理人，支付一定的报酬，但是并不能观察和监督代理人的行动过程。而代理人也可以自主选择行动方式，这对双方都会产生影响。

当今时代，委托—代理关系普遍存在和应用于经济与社会各个领域，在公共管理领域也开始逐渐被接纳及应用。布坎南认为，企业和公共部门之间的差异并不是追求的利益或价值的区别，而是两者在追求利益和价值时的环境与条件。他提出政府部门不是完全“公共”的，公共部门人员也追求自身利益和自身价值，把“经济人”假设和经济学的成本收益分析引入公共领域的分析，从而创立了公共选择理论。毫无疑问，公共领域存在委托—代理关系也是公共选择理论的体现。

政府雇员制是一种典型的委托—代理关系，和企业的雇佣关系类似，它的委托人是政府，代理人是雇员，双方是劳动雇员关系。政府将事务委托给雇员，雇员依靠自身的专业知识、能力和技术，向政府提供处理现有公务员难以解决的专业性事务的服务，两者之间的关系实则属于民事劳资关系。委托—代理理论认为，如果代理方受委托方指示从事公共部门活动时，当代理方比委托方更为了解流程走向和操作过程时，代理方可能会提出更多的报酬和利益要求，以自身利益为主而忽视委托方利益，如出现无故旷工、工作懈怠、投机主义行为等。

四、能力要点

（1）分析我国现行公务员制度存在的问题。

（2）了解国外和我国政府雇员制度所处的不同政治背景。

（3）分析我国政府雇员体制存在的核心问题。

（4）分析政府雇员制度与公务员聘任制本质上的区别。

（5）有针对性地就我国政府人事制度改革提出合理建议。

五、建议课堂计划

安排学生课下搜集相关资料（约两周），课上通过案例解读分析，采取小组讨论形式，或就某一话题（如政府雇员制度是否应该保留）进行辩论（约1课时）。

文化惠民的创新之路

——天津文惠卡的实践经验

杨书文　陈矜辛*

"台上演员比台下观众还多"，想必是让每一位演艺工作者眉头紧锁的一种尴尬境遇。以前天津的演艺市场，可以用一个字来形容，那就是"难"。2018 年 3 月 12 日，全国政协委员、天津歌舞剧院剧团副团长李瑛在文艺界别小组讨论现场无奈地说："以前演出，大幕一拉开，台底下就十几个人，台上的比台下的人还多，可为了场次补贴我们也得演。最惨的时候为了让剧场演出效果好，我们还得推票，自己的作品自己推票，那尴尬就别提了。就是这样，剧院一年也就演出百余场。院团收入就靠财政补贴，演够一定场次就给补贴，演员在台上演好演坏一个样，创作没热情、演出没激情……"① 大风泱泱，大潮滂滂，中华文化，源远流长。曲剧、京剧、评剧、相声、话剧……在哪个行当若想成名，都离不开观众的评鉴。以往，市民们喜欢进戏园子看戏，但近些年来，动辄百十元的高票价、形式主义下没有创新性的表演成了他们走进戏院的阻碍，想看一场心仪的话剧、相声或是舞台剧，因为宣传不到位、价格偏高、演出效果不佳等原因也变得困难重重。再加上电视、网络、手机等"冷媒体"的进攻，真正去剧院看剧的人更少了。

正如以上提到的那样，如"死水般"平静的演艺市场不仅"行路难"，

---

* 杨书文，天津财经大学财税与公共管理学院副院长、MPA 教育中心主任，副教授。陈矜辛，天津财经大学行政管理专业研究生。

① 《李瑛谈"文惠卡"：激活院团　演艺市场焕发活力》，http：//www. dzwww. com/xinwen/guoneixinwen/201803/t20180316_17157361. htm，2018 年 3 月 16 日。

而且效果差。天津人民艺术剧院院长钟海说，以前各院团演出不问效果，演了就演了，而且营销手段十分落后，造成“好戏找不到观众，观众看不到好戏”的恶性局面。“蹭票”现象正是这个不健康的演艺市场所带来的，从小了说，快速文化冲击下的演艺市场在逐渐萎缩，养不起演员、养不起院团，便开始关上剧院大门唱戏给自己听；从大了讲，演艺市场的沉溺影响的将是整个文化市场的大发展、大繁荣，习近平总书记所讲的“文化自信”又将何去何从？

为带动整个演出行业发展，促进天津市演艺市场的繁荣，积极响应国家出台的文化惠民政策，2015年3月伊始，天津市政府结合地方特色，创造出一种新型文化消费模式——文惠卡。文惠卡政策最大的特点就是变补贴院团为补贴百姓，它的推行对撬动天津演艺市场、激活文化产业起到了至关重要的作用，同时也是文化惠民政策的大动作，因为它让观众成为最大受益者，能够很好地满足百姓对文化消费的多元化需求。

选择天津文惠卡作为公共案例进行研究基于如下考量：（1）政府治理。新时代政府治理理论倾向于公共管理理论与多中心治理理论的结合，在积极推进政府改革、促使政府转变为公共服务监督者的过程中，注重政府、社会和市场三者间的关系构建。（2）文化惠民政策。党的十七大以后，文化惠民政策的提法和做法迅速成为社会的共识，也成为新的历史时期各地发展和繁荣文化的一个新举措。文化惠民使文化建设终于不再仅仅是外在于百姓的社会宏大工程，而是使社会公众的精神生活真正成为文化建设所需要并予以关注的重要内容。（3）公共服务均等化。公共服务的提供强调均等化，公民权利应得到公平的维护，也是缩小城乡差距的必要条件，但要避免绝对平均化，做到具体问题具体分析。（4）模式创新。理念、制度、实践“三位一体”的创新理念要充分在公共文化服务体系建设中有所体现。我国政府购买公共服务始终坚持“把方向、管大局、保落实”的战略措施，政府购买公共文化服务同样需要以此为核心，提高政府在购买公共文化服务过程中的独立性，强化市场主体间的有效竞争。（5）政策推广性。天津市文惠卡在全国文化惠民政策中都处于一种领先地位，并且已经积累了一些成功的经验，一项好的政策不仅能为当地带来良好的政策效果，同时还能给其他地方政府带来一定的借鉴意义，起到一定的推广作用。

一、“始”与“行”——天津文惠卡的政策历程

天津市实行文惠卡政策有其特殊的背景环境。受区位和经济环境等因素的影响，前些年天津市文化演艺市场发展相对滞后，整个文化演艺市场乃至整个文化消费市场的活力相对不足，而一个地区文化消费市场的发达与否，一个最直观的表现就是可以通过该地区剧院和院团的有效开场率和演出就座率体现出来。可以说，剧院和院团的有效消费规模是反映一地区文化消费市场繁荣程度的“晴雨表”。在2015年文惠卡发行之前，天津市文艺演出市场发展缓慢，市民想去看戏都是靠赠票、内部推荐的方式，主要就是通过人脉关系、人情关系蹭票去看戏，真正去看戏的人不多。与此同时，由于缺乏市场的选择，演出的剧种也大多是不为广大人民群众所喜闻乐见的戏剧，这给天津市各大院团也带来了负担，甚至出现了院团主动对市民赠票，但却被市民拒绝的情况。这就出现了一种结果：每次剧院和院团有演出，都是台上演员比台下的观众还多。一方面，国家每年补给院团的补贴非常庞大，制作一部戏的成本甚至要超百万元甚至几百万元，但是观众不愿意看；另一方面，存在严重的形式主义，领导来了演一演，领导走了就不演了，天津市整个文艺演出市场就像一潭死水，而且根据相关政策，各大院团企业化运作之后，就会面临着经营化运作，需要大量的资金满足对人、财、物的配置。为了解决上述问题，就需要文化艺术市场化，给天津市的文化演艺活动打造一个市场平台。如何给天津市的文艺演出打造一个市场出来，成为当时摆在市委宣传部面前的一个难题。

几经尝试，2015年3月，天津市市委宣传部联合天津市财政局、天津市文广局以及天津市北方演艺集团力推文惠卡政策，主要就是通过“变补贴院团为补贴百姓”的方式活化天津的文化演艺市场，积极引导各利益相关主体参与到文化演艺市场的构建和优化上，使广大市民的文化需求真正的、切实的得到满足。上述部门之间分工细化，职能明确。北方演艺集团是归市委宣传部直管的国有企业，宣传部是北方演艺集团的直接上级领导部门，也是文惠卡的主要发行单位；天津市文广局是负责天津市文化推广与传播活动的政府部门。当前天津市市级国有文艺院团有11个，其中7个属于北方演艺集团，属于事业单位转企的院团，还有4个院团是在文广局

旗下，属于纯事业单位，天津市北方演艺集团跟天津市文广局属合作型关系，同时，只有这11家院团演出才能使用文惠卡购票，财政局负责财政拨款，每年的发卡数量完全取决于财政拨款额度，其发卡数量需要通过市委宣传部的审核。

文惠卡政策一经推行，天津市文艺演出市场乃至整个文化市场有了新的发展态势。通过实地调研和访谈了解到，文惠卡在发卡数量上屡创新高，2015年北方演艺集团共面向市民发放6万张，2016年新增4万张，2017年又新增4万张，也就是从发卡以来，累计发卡14万张。接踵而至的就是演出剧目的数量逐年递增，2015年天津市这11家相关院团共上演了1300多个剧目，2016年为1800多场，2017年共演出3815场；通过采访集团负责人了解到，2018年预计超过4000场剧目。在剧种方面，从2015年开始，全市这11家院团都包括在内，话剧、儿童剧、京剧、评剧、梆子、相声、杂技、音乐、歌舞等都有涉猎。为使剧目更加多样化，满足消费者的多元化需求，天津市市委宣传部决定2017年成立“文化惠民演出联盟”（以下简称“文惠联盟”），该联盟以文惠卡为载体，所有加入该联盟单位的剧目都可利用文惠卡消费看剧；坚持本土、吸收外来，越剧、昆剧、豫剧等多类型剧种的引进，使剧种结构安排更为优化。通过上述情景可以想象到，天津市文艺演出市场有了发展的活力，文艺演出活动的供求状态活跃了起来，相关行为利益主体参与到文化市场中。

“变补贴院团为补贴百姓”，政府与社会组织之间的参与协作，真正让百姓享受到文化消费中的实惠，真正让相关行为主体参与到文化消费市场中，这是文化惠民最直接也是最根本的要求。可以说，文惠卡创造了一个市场，激活了天津市的文艺演出行业。天津的文惠卡政策是文艺领域的重大创新，极大地带动了文艺演出市场的繁荣，同时也吸引了诸多城市向天津学习，如四川、新疆、西宁、唐山等20多个地区和城市分别以不同的形式在当地做了落实。天津文化惠民卡是文艺演出行业最具特色的创新。

二、实施者“言”：政府制定并实施政策

所谓实施者“言”，即国家、中央以及地方政府各相关部门对于完善公共文化服务体系、实现公共文化服务均等化、推进政府购买公共文化服

务制度发展、制定和实施文化惠民政策，以及推行“文化惠民卡”项目而颁布的一系列相关政策、文件、规定及采取的行动等。下面从国家法律法规、中央政府政策、地方政府政策三个方面对上述内容进行梳理。

1. 国家法律法规——根本条件

完善公共文化服务体系、实现公共文化服务均等化，对于促进人的全面发展、实现公民基本文化权益、促进社会主义和谐社会发展、建设服务型政府等都具有重要意义。2005 年，党的十六届五中全会《关于“十一五”规划的建议》提出：“加大政府对文化事业的投入，逐步形成覆盖全社会的比较完备的公共文化服务体系”；2006 年，全国人大十届四次会议《政府工作报告》扩展为“加强文化基础设施建设，尤其是农村基础文化建设，完善公共文化服务体系”；2007 年，全国人大十届五次会议《政府工作报告》指出，“着眼于满足人民群众文化需求，保障人民文化权益，逐步建立覆盖全社会的公共文化服务体系”。2017 年 3 月 1 日，国务院正式发布了《“十三五”推进基本公共服务均等化规划》，并将公共文化服务列入清单，明确规定了公共文化服务的对象、指导标准、责任单位等内容。“十三五”规划中明确指出，“到 2020 年，基本公共服务体系更加完善，体制机制更加健全……”

政府购买公共服务是一种公共服务供给新方式。1995 年，上海首先开展了政府购买公共服务的试点。2013 年，国务院发布了《关于政府向社会力量购买服务的指导意见》；2013 年 11 月 12 日，党的十八届三中全会通过了《中共中央关于全面深化改革若干重大问题的决定》（以下简称《决定》），并于 2013 年 11 月 15 日正式面向社会发布，《决定》中明确指出要创新社会治理体制，激发社会组织活力。2016 年 6 月，国务院成立政府购买服务改革工作领导小组，以进一步推动政府购买服务的改革和实施。

购买公共文化服务是政府购买公共服务的重要方面，党的十八届三中全会提出要加大政府购买公共文化服务强度和公共文化服务建设力度。2015 年，国家先后出台了《关于加快构建现代公共文化服务体系的意见》《关于做好政府向社会力量购买公共文化服务工作的意见》《关于公共服务领域推广政府和社会资本合作模式的指导意见》等，明确提出要完善政府向社会力量购买公共文化服务的服务体系。自国家出台《关于做好政府向社会力量购买公共文化服务工作的意见》后，大部分省（区、市）制定并出台了本地区关于政府向社会力量购买公共文化服务工作的意见和指导性目录，政府购买公共文化服务范围日渐扩大，服务方式得到创新。

2. 中央政府政策——基本规范

从中央政府政策层面来看，2010年，财政部和文化部联合发布的《关于开展国家公共文化服务体系示范区创建工作的通知》中指出："按照公益性、均等性、基本性、便利性的要求，在全国创建一批网络健全、结构合理、发展均衡、运行有效的公共文化服务体系示范区。"2014年底，财政部、民政部等多部门联合出台了目前法律位阶最高的政府购买公共服务规范性文件《政府购买服务管理办法（暂行）》；2018年4月26日，由文化和旅游部财政司主办的政府向社会力量购买公共文化服务片区工作会在北京召开，会上，天津、安徽、青海等7个地区代表就当地公共文化服务情况交流了经验，提出要进一步推动购买工作的实施，拓展购买服务资金来源渠道。

3. 地方政府政策——实践基础

近年来，地方政府采取多种措施推进政府购买公共文化服务工作有序进行，为全面贯彻党的十九大精神，认真落实《中共中央关于繁荣发展社会主义文艺的意见》、中共中央办公厅和国务院办公厅《关于实施中华优秀传统文化传承发展工程的意见》及国务院办公厅《关于支持戏曲传承发展的若干政策》，天津市政府结合本市实际情况，计划实施"天津市'剧本扶持'工程"。2015年底，天津市根据当地公共文化体系建设特点，率先设立公共文化服务体系的专项经费，尤其对文惠卡政策的支持推进了天津市文化项目的建设。同年3月28日，北方演艺集团借政府补贴之力，向全社会公开发售文惠卡6万张，市民购100元文惠卡可享受政府400元补贴，面值500元，1315场的演出剧目让几近"死水"般的演艺市场"一炮而红"。

天津市文惠卡模式的发展与天津市政府的政策和相关单位的实施力度息息相关。在资金投入方面，天津政府加大资金投入，并组织设立专项经费以维持文化工作的健康可持续发展，通过补贴的方式促进市民消费文惠卡，形成了完整的资金体系。在相关单位的落实程度方面，天津大剧院、天津文艺广播以及天津演艺网等各相关单位积极响应上级号召，落实各项政策，以文惠卡为轴心，对文惠卡和非文惠卡项目做出了详细说明，并及时更新与宣传演出信息。

三、执行者“做”：文广局、北方演艺集团履行政策

1. 双剑合璧，力推文化市场

文惠卡涉及的主要单位企业是北方演艺集团和天津市文化广播影视局（以下简称“文广局”），北方演艺集团是归市委宣传部直管的国有企业，市宣传部是集团的直接上级领导部门，与文广局共同属于天津市正局级单位，其中，11 个市级国有院团中的 7 个在集团中，其余 4 个在文广局旗下，文广局旗下的院团属纯事业单位，所以，北方演艺集团跟文广局以合作共处。文惠卡政策在没有成立文惠联盟单位之时，只有上述 11 家国有院团演出才能使用文惠卡购票，北方演艺集团与市文广局通力合作，实行文惠卡项目，演艺网集团依靠财政拨款，实现其职能作用。随着时间的推移，由于该项目对活化文化市场区域成效显著，此项文惠卡政策吸引了来自四川、青海、山西和河北等地区的演艺集团前来观摩学习。通过进一步的调查发现，由于北方演艺集团和文广局所负责的内容和性质的区别，在价值诉求和行为选择上也存在差异，北方演艺集团除了负责文化外，也负责演出相关内容，属于营利性机构，而文广局是纯粹的政府机构。简单来说，一个参与社会行为，没有市场；一个不参与，只是纯粹的文化产业，有市场。所以，北方演艺集团是文惠卡政策执行的“主角”。

2. 利民导向，共创联盟平台

文惠卡政策的主要执行者是北方演艺集团，负责文惠卡发行以及剧院、院团、剧目等相关工作。北方演艺集团作为文化市场的参与者，虽然最大的价值诉求是“获利”以运转企业，但在获利的过程中也充分秉持了“惠民”的思想，从文惠卡政策的实施、运行到最后的反馈，北方演艺集

团始终是重要的参与者和组织者，是政府的“信任对象”，北方演艺的责任是把天津市文化市场转起来并惠及全民，从院团到剧院再到观众，无一不是集团需要考虑的对象，一个企业的运转需要资金，而政府直接补贴的对象是市民，所以，北方演艺集团只有把更多精力放在如何实现经济和社会效益最大化上，才能实现最大价值。2017年初天津成立了文化惠民演出联盟，所有加入这个联盟的单位的剧目都可以用到文惠卡项目上来，以供市民消费。

3. 选择多样，创新带动繁荣

文惠卡在宣传方面拥有独到的宣传模式。第一，公众号宣传。公众号分为订阅号和服务号，订阅号主要是给大家日推，每天都有重点剧目的介绍、招募、参与和回复。服务号是天津演艺网票务管家，是非常实用的手机购票渠道。第二，微博宣传。北方演艺集团专设微博平台用以宣传最新剧目以及推送文惠卡的相关政策等内容。总之，推广者和宣传者相互扶持，积极促进天津文化市场的不断发展。文惠卡执行过程为：三方决定文惠卡发行数量、补贴力度，制订宣传计划、发行计划以及善后的计划。另外，文惠卡政策最大的创新点就是变院团补贴为市民补贴，也就是通过提升广大市民的文化购买力、提升广大市民的文化消费自主权来推动天津文化产业和文化市场的繁荣。

4. 妙手回春，问题变为契机

其实，在集团成立之前，大到区域文化市场，小到院团运行管理也曾出现很多问题，如每次演出都是台上演员比台下的观众还多。一方面，国家每年拨给院团的补贴非常庞大，但观众不愿意看；另一方面，存在“面子”工程，上级主管领导来了就演一演，领导走了就不演，整个文化市场就像一潭死水，并且院团转企之后，面临着企业化运作，市场才是企业的用武之地，如何打造出一个文化市场成为主要问题。

四、推广者“行”：剧院、院团支持政策

各大剧院作为文惠卡政策的支持单位，进一步将文惠卡的具体文化惠

民政策落实到人民群众身上。为了极大地提高全体市民的积极性，达到惠民的效果，各大剧院针对不同的目标群体、戏剧质量等做了一些推广政策的扶持。

1. 维护老年群体稳步发展

据调研了解，文惠卡最大的受惠者和支持者是老年群体，所以，维护老年群体的稳步发展成为诸多剧院、院团在节目斟酌方面的考量，为了配合政府和北方演艺集团的政策，各大院团也积极响应政策，为不断提高老年人文化生活的丰富性，各大剧院推出了针对老年人的优惠活动，比如充值400元返200元。为了吸引老年人的目光，各大院团采取了一系列措施来推广文惠卡，一种方法是现场咨询；另一种方法是线上咨询，比如微信、微博平台，尤其是老年人爱看的相声、京剧、评剧等项目上优惠力度更大，从而不断提高老年人文化生活的多样性，增强惠民性。

2. 支持年轻群体快速推进

随着文惠卡的使用年龄段逐渐从以中老年人为主转向以年轻人为主，为了不断完善政策，各大剧院新项目得到不断调整。据光华剧院负责人介绍，在文惠卡刚开始推行时只有文惠卡，没有学生卡、公益卡，之所以后期开放学生卡以及公益卡或者其他类型的卡，是想让更多年轻群体享受到这样的文化优惠力度，这也是后期将会实施的项目，即让文惠卡走进校园的项目。剧院在很多院校推广过文惠卡，这是想往学生层面发展的一个渠道，因为学生和年轻人是两个目标群体，文惠卡的推行也应该更加注重这两个群体。除此之外，各大剧院为了吸引广大学生的目光，也在积极推出“高雅艺术进校园”、在大学校园设置文惠卡售票点等项目，从而更加促进文化相融合。尤其针对学生这个目标群体，还特别推出了学生卡以及充值50元返150元的优惠活动，特别是在高端剧目上也可以享受大量的优惠项目。

3. 保障剧目质量上乘

通过调研笔者发现，天津市很多剧院都结合该剧院的实际情况对文惠卡惠民政策进行了推广，都希望文惠卡可以普及全天津市。在推广过程中，为了达到更好的惠民政策效果，除了在院团质量方面有所把关外，还更加注重市民对剧目质量的反馈，会在剧目结束之后了解观众对剧目的意见，从而对以后的演出提供一定的借鉴，以达到提高院团质量和为市民提供优良服务的双重目标。其中，院团提供的剧目都是观众爱看的、喜闻乐见的，剧目的种类也相对比较齐全。

4. 不断创新推广方式

为了让广大人民群众更好地了解剧目、院团的演出信息，各大剧院推出"微信扫一扫"来办理会员，涉及全年演出信息，从而更好地让广大人民群众足不出户就能了解各类演出信息。除此之外，为了积极响应政策的号召，各大剧院利用惠民的优势宣传文惠卡，一方面可以最大化地向市场推广，提升市场占有率，吸引广大人民群众和文化相融合，把原来不看演出的观众吸引来看演出，提升他们参与的兴趣；另一方面，剧院通过营销手段建立起基础后，就会通过公众号、微博等方式进行宣传，为后期文化惠民政策奠定基础。为了更好地达到惠民效果，后期还会推出运用支付宝等电子充值方式，随时随地可以进行文惠卡充值，从而更好地达到惠民的目的。

随着文惠卡政策的不断推进，各大剧院也相应蓬勃发展起来。大小剧场在文惠卡的带动下齐头并进，开始呈现"一票难求"的局面，评剧院院长曾昭娟认为，演出上座率高是对演员一个非常大的尊重。

五、受惠者"语"：消费者享受政策

天津首创推出的文化惠民政策，从消费者的价值诉求和行为选择方面来看，消费者只要享受并买到优惠力度大的文惠卡便足以，对于政府补贴方式是否合理以及补贴是否合规等问题不予关心。当然，消费者的反馈也是其价值诉求和引导其行为选择的重要方面。经过调研，笔者发现大部分消费者都觉得文惠卡在一定程度上确实惠及了全民，甚至拿着家人的身份证办多张卡，这是受惠者对文惠卡最大的肯定，也充分证明文惠卡实现了消费者的价值最大化。但毋庸置疑的是，也有部分消费者提议继续加大优惠力度、增加剧目、提高质量等，消费者所产生的不同价值诉求和行为选择也正是文惠卡政策所要尽力解决和满足的问题。

对此，我们面向全国各地消费者发放问卷，并有效收回问卷400份，无论是文惠卡的持有者还是非持有者，都表达出了真实的想法。从整体情况来看，消费者对我们国家“文化惠民”政策有一定了解的人数占一半以上，其中，非常了解“文化惠民”政策的接近10%，也就是说，大部分人并不是“文化冷漠者”，或者说他们是“受惠者”中的一员，所以才积极关心“文化惠民”的问题。但是，从另一个角度来看，不了解的人高达42.75%。按理说，对国家推行的政策人民应该有一定的关心，做不到“非常了解”，起码也得有一定的了解。42.75%的人不了解“文化惠民”政策，这让我们不得不思考这样一个问题：到底是什么原因让一半的人都不了解我们国家的“文化惠民”政策，是没有落实政策，还是政策并未惠及全民？

1. 文惠卡持有者“语”

（1）优惠让“我”更愿意消费。文惠卡之所以吸引众多天津市民去办理，是因为它得天独厚的优势——政府直接补贴。持有者视文惠卡如“珍宝”，精心挑选自己感兴趣的剧目，尽可能地多看几场，甚至拿上家人的身份证多办理几张，他们对文惠卡迫切的需求之情有目共睹。

文惠卡持有者月消费额无论处于哪个水平，1000元以下也好，5000元以上也罢，他们使用文惠卡在各自消费水平的消费比例趋同，从未消费过的人仅占3.7%，消费10次以上的人高达39.75%。总体来看，消费者的月消费额高低并不影响他们通过文惠卡进行消费，由此可见，政府给予的补贴足以让不同消费水平的人享受充足的优惠，“惠”与个人经济水平没有直接关系，“惠及全民”才是文惠卡发行的初衷。

（2）文惠卡能满足“一己私欲”。可能很多人会对文惠卡有这样的疑问：是不是文惠卡涉及的剧目都是大众不“喜闻乐见”的呢？文惠卡虽然在手，但真正值得消费的剧目并不多呢？答案可以用数据来显示。

在文惠卡持有者中，大多数人都认为文惠卡涉及的剧目几乎能够满足自己的要求，仅有2.41%的人认为“一点儿都不涉及”。只有“当局者”才最清楚文惠卡是否满足了自己的“私欲”。例如，现在有一张文惠卡，如果喜欢的剧目都不优惠，又何必去办一张无用的卡？人的喜好多种多样，大部分人认为“涉及剧目”可观，那就说明满足了各种喜好。由此可见，文惠卡不是一张无用的“白卡”，它确确实实是一张“服务周到”的“黑卡”。

(3) 特点突出的文惠卡是天津的“文化标识”。众所周知，天津是“曲艺之乡”，也是著名的“哏儿都”，我们不能否定其他地方的文化发展，但是我们可以肯定天津市的文化总带着自己独特的韵味，从不“抛根忘祖”，在文化发展方面始终重视弘扬传统文化，并吸收借鉴外来文化以发展社会主义先进文化。这一点，文惠卡做到了：京剧、戏曲、相声等传统文化的剧目纳入文惠卡项目；积极吸收引进外地院团的优质剧目；结合新时代主旋律不断创新剧目；等等。

文惠卡有着自身独特的特点和优势，并对自身消费行为产生重要影响。文惠卡的出现丰富了消费者的文化生活，激发了消费者看戏的热情，无论年长者还是年幼者都手持文惠卡纷纷走进剧院。据了解，文惠卡出现之前文化市场就像一潭死水，没有人愿意花钱看戏、看剧，他们嫌质量不高价格还高，这样的状态怎能转动一个巨大的文化市场？一张小小的文惠卡减少了消费者的文化消费开支，政府补贴的形式大大增加了市民对政府的信任感，既惠及了全民又繁荣了文化市场，岂不是一箭双雕？

(4) 文惠卡仍有不足需改进。不断追求完美的过程其实也就是要时刻面对和修正不完美的过程，由于文惠卡仅落地实施三年，在某些方面仍在探索并存有不足，消费者也在不断反映新的问题。

消费者希望完善剧院的建设，提高院团和演员质量，继续加大文惠卡补贴力度，多引进不同的剧目，增加年轻人爱看的剧。其中，占比最高的是加大文惠卡补贴力度，这不仅是市民想要解决的问题，也是政府和每一个参与者正在解决的问题。毋庸置疑的是，政府补贴越高，北方演艺集团的发卡数量就会越多，甚至每年会有更多的发卡次数，但消费者“受惠”和政府补贴之间需要达到一个平衡，在保证政府正常支出的情况下让更多的人享受福利，即涉及效用的问题。怎样让消费者和政府同时达到效用最大化是政府和各相关企事业单位正在努力的方向，也是政府购买公共文化服务所要解决的效率和质量的矛盾问题。

2. 文惠卡非持有者“语”

在本次调查中，文惠卡非持有者占大部分，因为天津市文惠卡仅在天津范围内发放，虽然很多地方已经开始效仿天津做起了文惠卡，如“青岛文惠卡”等，但是其效果和知名度仍不抵天津。由于本次问卷不局限于天津市民，所以其他各地区的消费者（包括天津市文惠卡非持有者）也表现出了对文惠卡不同程度的向往和肯定。

在这些文惠卡非持有者中，从他们是否愿意办理文惠卡以及是否愿意推广到自己家乡来看，大部分人都持有积极的态度，从未享受过文惠卡“待遇”的人也“跃跃欲试”。笔者认为，文惠卡非持有者的“判断”并非空穴来风，选择必然经过了理性思考，他们想持有文惠卡或者希望推广到自己的家乡，侧面来看正是文惠卡的成功吸引了更多的人。

在调研的过程中，笔者有幸得知文惠卡带给市民真正实惠的几则实例，摘录分享如下：一对老夫妻，因为文惠卡，每月都能置身剧场欣赏钟爱的戏曲；一位白领，因为文惠卡，看话剧、听音乐会不亦乐乎，还结识了志同道合的好友；一位年轻妈妈，因为文惠卡，和孩子在文艺的天地里共同学习、成长、感受爱；一名青年学子，因为文惠卡，陪父母一起看戏，也献上了一份自己力所能及的孝心，等等。台上台下弹拨演奏出幸福祥和的音符，喜悦幸福的笑容洋溢在进出剧院的人们脸上。

六、结束语

本案例以天津市文惠卡为例，也从侧面表明天津市文惠卡在推行过程中存在着诸多模棱两可的、需要认清并解决的问题。例如，文惠卡涉及剧目少，范围窄；竞争机制不完善，使公共文化服务提供质量下降；信息不能完全公开，难以有效进行监督；承接购买公共文化服务的社会组织承接能力存在问题，文惠卡涉及的大部分院团都缺乏优质资源，缺少高水准演员和人才，提供的公共文化服务质量不高；服务平台建设不完善，服务平台单一，互联网平台缺乏规范有效的监管体系；文惠卡的推广仅单纯采用政府购买方式进行补贴，资金投入方式单一，惠民力度不够。除此之外，当下对文惠卡面向的社会消费群体是否有必要更进一步明细划分？未来文惠卡的发行是否能够充分融入该区域内不断完善的文化市场并产生长效机制？政府向市场推行文惠卡项目过程中，应该充当“主角”还是“配角”？这些现实问题均可能对文惠卡项目的推行产生影响。

政府购买公共文化服务的目的就是满足老百姓的文化需求、维护公众利益、保障人民基本权益、改善人民文化生活、提升老百姓的幸福感，因此，“文化惠民”在政府购买公共文化服务过程中，就表现为以公众为本、服务为主、满足公众需求、实现公平正义和保证公众满意等一系列价值遵循。政府购买公共文化服务只有以“民”为基础去探索购买模式才能提高政府公信力，提高公众需求感的同时增加政府服务过程中的获得感。

思考题

1. 随着我国现阶段社会主要矛盾的变化，文化领域结构性供需失衡不断凸显，人民的文化需求日益多样化，政府如何提供更加丰富的文化产品来满足人民日益增长的文化需求，实现公共文化服务均等化？

2. 文惠卡是政府购买公共文化服务的创新，政府在公共文化服务提供方式中怎样更好地结合地方特色，在政策制定、执行中创新公共文化服务购买模式？

3. 我们强调服务型政府的建设、优化政府职能，文惠卡是服务型政府建设和政府职能优化的成功之举。政府在未来购买公共文化服务过程中，如何才能更好地处理政府、企业及人民群众之间的利益冲突关系，加强文化建设？

案例教学指导

文化惠民的创新之路

——天津文惠卡的实践经验

一、课前准备

1. 人员组织

（1）自主预习。案例正式讨论前一周，要求学生自主研读案例正文，通过网络和各大媒体平台了解关于政府购买公共文化服务和文化惠民政策的相关热点话题，并对政府购买公共文化服务相关法律法规做一定程度的了解，针对案例思考题有自己的见解，熟悉整个事件的发展脉络。

（2）分组讨论。依据学生人数分成4～6人组，针对自主预习内容展开小组讨论，并通过PPT展示小组成果，在各小组讨论后再进行全班分享讨论。

2. 物品准备

要求学生提前准备纸笔，用于书写讨论意见，记录其他小组成员讨论成果，便于案例总结。

3. 教学环境

（1）多媒体教学设备，用于投放小组PPT和案例调研过程中的现场照片、视频等素材。

（2）课前桌椅重新摆放，形成同心圆，学生以“圈”坐，学生于中间展示。

二、适用对象

本案例为创新政府购买公共文化服务模式的案例，可用于公共管理、公共政策、政府治理等相关课程的教学活动。适用对象包括MPA学生、公共管理学术型研究生与财政、宣传部、文广局等政府部门工作人员，以及具备公共管理相关知识并对政府购买等感兴趣的高校教师和研究员。

三、教学目标

随着我国现阶段社会主要矛盾的变化，文化领域结构性供需失衡不断凸显，人民的文化需求日益多样化，如何使学生结合自身所学专业和实践经验，分析当前人民对文化需求的满足程度，基于案例回顾总结天津市文惠卡在整体性治理模式框架下，政府、企业、社会组织和市民等多元化组织在政府购买公共文化服务过程中的协调与整合，并进一步探讨该模式的主要特点和优势，结合现行模式的局限性，在整体性治理的框架下，分析该模式对我国政府购买公共文化服务的意义和推广性，为文化惠民政策的不断创新提供参考性建议，从而培养学生运用理论工具解决实际问题的能力，是本案例教学的最终目标。

具体目标如下：

（1）通过案例让学生了解文惠卡政策的实施过程和发展历程，引导学生分析天津市政府创新政府购买公共文化服务模式的目的、背景及意义，总结面对人民日益增长的文化需求，天津市政府在实现公共文化服务均等化等方面的成功经验以及存在的问题和困境。

（2）在分析天津文惠卡的基础上，引导学生对政府购买公共文化服务模式的创新做进一步思考：天津市政府依据地方特色所创新的文惠卡能否在全国范围内得以推广；天津模式对于全国政府购买公共文化服务方式的创新带来了哪些影响和启示；如果各地方借鉴文惠卡经验，应该怎样更好地结合地方特色，在政策制定、执行中创新公共文化服务购买模式？

（3）在整个案例分析的基础上，希望学生透过现象看本质，在分析天津市文惠卡和政府购买公共文化服务模式创新的基础上，深入考虑服务型政府的建设和政府职能的优化问题，探讨政府在未来购买公共文化服务过程中，如何才能更好地处理政府、企业及人民群众之间的利益冲突关系，加强文化建设？

四、教学内容及要点分析

本案例讲述了2015年天津市在政府购买公共文化服务方面创新出的全新购买模式——文惠卡。文惠卡的出现是天津市公共文化服务建设史上的重要里程碑，对推动“文化惠民”政策的贯彻实施和政府购买公共文化服务体系的建设意义重大。天津市文惠卡独创性地构建了以公民需求为治理导向，以信息技术为治理手段，以协调、整合、责任为治理机制的政府购买公共文化服务整体治理新模式，深度契合公共管理领域中的整体性治理理论。通过本案例引导学生利用学习的公共管理、公共政策等相关知识，思考政府购买公共文化服务模式创新的机遇和挑战。

1. 掌握政策发展脉络，知悉政府购买参与主体的角色

整个案例从引言到正文，清楚地概述了文惠卡的实施历程以及文惠卡参与者的角色定位，让学生理顺政府购买公共文化服务各主体间的关系是宏观了解政府政策的基础。

案例的引言部分主要介绍了天津市政府创新文惠卡政策的背景，包括“台上演员比台下观众还多”的萧条的演艺市场，以及快速文化冲击下演艺市场逐渐萎缩的困境。要求学生掌握关于文惠卡出台的基本背景知识，了解全国演艺市场发展的基本情况、未来发展方向和全国各地改革情况，为下一步案例讨论做出铺垫。

案例正文主要包括五个部分，以调研对象在政府购买公共文化服务过程中所属购买角色为主线，参考政府关于公共文化服务购买的相关法律法规和媒体对文惠卡的相关报道，按照政府购买过程中购买主体、承接主体、受惠者的顺序组织编写本案例。

第一部分主要介绍天津文惠卡的政策历程，指出天津实行文惠卡政策的特殊背景，并对 2015 年文惠卡发行前天津“死水一般”的演艺市场进行描述，突出强调重新打造演艺市场的紧迫性，并与 2015 年文惠卡发行后的天津演艺市场加以对比，结合实地调研和访谈资料，阐释了文惠卡的重大意义。

第二部分为案例重点的开端，即对购买主体——政府的阐述，介绍了政府作为购买主体在政策制定方面做出的行动。此部分需要学生掌握关于政府购买公共文化服务的相关法律法规，了解我国关于政府购买公共文化服务等方面的政策制定和实施情况。根据国家法律法规、中央政府政策以及地方政府政策，思考天津创新文惠卡的政策支持度。通过学习与政府购买公共文化服务相关的法律法规，了解天津市文惠卡模式的发展与天津市政府的政策和相关单位的实施力度息息相关，并对我国关于政府购买和文化惠民方面政策法规的完善做进一步思考。

第三部分是对主要承接主体的相关企事业单位的介绍，需要学生知道政府购买的对象是北方演艺集团，也是购买的承接主体，文惠卡涉及的主要单位企业是北方演艺集团和文广局，在承接主体方面要捋清相关单位企业与政府之间的关系。本部分内容是在对北方演艺集团访谈基础上做出的。作为文惠卡政策的主要执行单位，需要让学生知道政府和企业之间是怎样合作的？文惠卡政策从制定到执行的过程是怎样的？文惠卡的创新之处在哪里？文惠卡为天津带来了什么？

第四部分重点阐释文惠卡执行过程中的主要社会力量对政策实施起到了推进作用。调研对象主要集中在天津市的各大剧院和院团。各大剧院和院团是文惠卡政策的支持单位，是政策实施的重要纽带，也是市民的直接接触者和最直接的政策反应者。这一部分需要学生思考社会力量在政府购买过程中的巨大作用，了解社会力量的价值诉求和行为选择，以及为了提高惠民力度，各社会力量是怎么实行推广政策的。

第五部分主要从消费者角度对天津市民做了随机访谈，并将收集的问卷加以统计，分析了市民对文惠卡的满足程度、对国家文化惠民政策的了解度、消费者的文化消费倾向，以及消费者对文惠卡的意见和建议等内容。在此部分，要让学生在掌握基本统计调查方法的基础上走向“田野”，深入实践，切实地体会民众需求，从政策受惠者角度，深入思考文惠卡未来的发展之路，总结出文惠卡的可推广性。

2. 夯实公共管理理论，掌握理论联系实际的研究方法

公共管理案例的描述不能离开实际空谈理论，也不能离开理论空讲故事，教师要在案例教学中将公共管理理论知识贯穿其中。天津市文惠卡的推行体现了以人民群众文化需求为导向的整体治理机制。整体治理是指以公民需求为治理导向，以信息技术为治理手段，重视政府、企业、社会组织和公民关系的整合、协作与整体运作，最终取得公共利益和责任的新型治理模式。

在该案例中，学生应了解政府、企业、社会组织与市民在文惠卡推行过程中所发挥的价值和难以替代的作用：政府在政策推行中如同“大脑”，起到了政策主导、整体监管的作用；企业则似“双手”，起到了政策执行、调配资源的作用；社会组织如“骨骼”，起到了搭建桥梁、沟通协调的作用；公民是该政策的主体，即受惠者，处于人体核心位置——“心脏”，

是文惠卡推行最直接的受益人，也是文化活动最广泛的参与者。

3. 总结政策推广意义，发现天津创新模式的可推广性

本案例在实现教学目标的基础上，体现出一定的社会价值和政策的可推广性。学生学习本案例的目的除了夯实公共管理理论之外，还要意识到天津政府在政府购买公共文化服务方面创新模式的成功经验。文惠卡的推行对于政府整体治理城市文化、提供均等化的公共文化服务意义重大，在文惠卡推广过程中，具备以下三个方面的特点和优势：

（1）政府机构和企业、社会组织、公民合作共赢、共同推广的睦友关系。相比于其他政府购买公共文化服务的模式，天津推出的文惠卡更能体现政府、企业、社会组织以及公民之间的协调合作。以政府为主导、企业和社会组织为载体、市民为受益对象的文惠卡，综合了各方力量，并结合天津市地域特色，创造出了新的文化演艺市场，“没落”的地域文化通过文惠卡又重新绽放了活力。同时，文惠卡紧跟“互联网＋”的时代潮流，不断创新线上平台，推出丰富多样的线上活动，满足了诸多群体的多样化需求。这种特点有利于让社会各界认识到文惠卡的优越性并积极推广，也有利于各个地方前来学习借鉴。

（2）市民既是文化惠民的受惠者，又是文化惠民政策的监督者。文化惠民政策的最终目的是“惠民”，惠民程度如何需考察两个角度：一是公民的满意度；二是公民的利益体现。天津市民作为文惠卡的受惠者，其满意度如何仅仅体现出了政策实施的表面效果，任何文化惠民政策的推行都必须使公民角色“完整化”，即“受惠者＋监督者”。公民对政策加以监督的过程正是使自身利益最大化的重要体现。天津文惠卡不仅做到了惠民，而且使市民的权利得到了发挥，因此，该政策在群众中接受程度普遍很高。

（3）文惠卡包罗万象，依托地域文化，吸纳四海精粹。“文化”是一个民族的根基，同样也是一个区域的根基，文化力量不容小觑，是承载城市发展的希望。文化发展不能抛根忘祖，但也要兼收并蓄，“因地制宜”同样适用于发展地方文化。文惠卡所涉范围极广，不仅包含了天津市的特色戏剧文化和相声民粹色彩，还积极吸收外来文化和其他各地特色剧目，所以，文惠卡不是简单的文化消费卡，它承载的还有中华民族上下五千年文明历史的延续以及文化大发展、大繁荣的持续。所以，文惠卡的推广对

于全国来讲都具有重大意义。

五、教学安排

该案例的教学课堂安排大约90分钟。

（1）课前30分钟讲授基础知识，包括政府购买公共文化服务法律法规、我国当前政府购买公共文化服务发展现状，以及全国购买模式创新的进展作为理论铺垫。

（2）上课前安排学生提前阅读案例正文内容，并根据自己的理解写案例笔记，上课以小组为单位展开讨论。在讲述完基础知识以后，将思考题布置给各小组，针对问题，让小组展开讨论并详细记录讨论内容，此阶段课堂安排约为20分钟。在讨论过程中，教师要鼓励学生采用“头脑风暴”的方法，鼓励每个人表达自己的观点，不否定、不打断别人表述意见。各小组应在自由讨论结束前5分钟左右梳理小组观点，为全班交流做准备。

（3）全班讨论时间为30分钟，每个小组派代表进行发言，并对案例做进一步的总结发言，提出建设性的看法和意见，鼓励学生针对讨论过程中出现的问题做进一步学习和探究。在全班讨论过程中，学生代表应当做好记录和录音，课下分享给学生，以便课后梳理细节，并在未来学习中有新的启发。

（4）全班讨论结束后，教师有10分钟的时间进行总结，并对各小组内容和语言的表达加以评价，为学生未来的学习和实践筑就信心。

六、补充材料及其他

教师可以多找文惠卡相关的视频资料，通过多媒体设备给予学生直观感受，必要时可配备录音设备和教学助手。

A 市财政扶持优惠政策的“死”与“生”

陈旭东　王鸿良*

一、优惠多多，一片祥和

A 市江南区是全市的重要经济功能区，经过二十多年的发展积累，形成了装备制造、新一代信息技术、大众消费品、生物医药、民用航空等高端制造业和现代服务产业集群。江南区管理委员会是 A 市人民政府的派出机构，对江南区实行统一管理，审核和批准区域内的投资项目。江南区财政局作为管委会内设机构，具体负责各投资项目财政扶持优惠政策的兑现落实。

王晓作为江南区财政局的一名资深干部，自从江南区成立便在这里工作，主要负责企业优惠政策的兑现工作。在这二十多年中，王晓目睹了江南区由一片盐碱地蜕变为年财政收入过百亿元的大型经济体，经历了财政扶持优惠政策名目的各种变化和增多。但王晓深知，对企业的财政扶持优惠政策名目再变，实质却从未改变。

目前，江南区财政扶持优惠政策有企业发展金补贴、购房补贴、房租补贴、科技配套补贴、专利申请补贴、总部经济补贴等，其中大部分补贴政策与企业税收挂钩。在申请补贴时间上，有的全年都可不定时申请，如房租补贴；有的则固定在一段时间，如企业发展金补贴，申请时间为每年 5 月企业所得税汇算清缴完毕到 9 月底。王晓从 6 月初开始接收企业上报的企业发展金申请资料。企业发展金补贴意在通过财政扶持促进企业的发

* 陈旭东，天津财经大学财税与公共管理学院院长，教授。王鸿良，天津港保税区财政局。

展，实质上是对企业上年税收的返还。在现实中，能申请到企业发展金政策的大多是大型企业，中小企业由于纳税较少，话语权较小，往往享受不到此类税收返还的优惠政策。

李兵是中国健康生物科技有限公司（以下简称“健康生物公司”）的财务人员。该公司是一家专门从事动植物病害药物研究开发的公司，其负责人曾经在政府农业部门工作，不仅了解政府对行业的各种扶持政策，而且精通相关专业技术，因此公司发展顺风顺水。健康生物公司以前注册在其他地区，由于江南区管委会给出了企业发展金、房租补贴、科技项目配套等诸多优惠政策，且力度较原注册地更大，因此，三年前该公司与江南区管委会签订投资协议，迁入了江南区。

健康生物公司优惠政策补贴的申请工作由李兵负责。在2014年5月刚刚从江南区财政局收到4个国家级和省市级科技项目配套资金的情况下，李兵于6月下旬又马不停蹄地给财政局王晓送来了2013年度企业发展金补贴的申请资料。但李兵不是最早来财政局申请企业发展金补贴的，在他之前的两周内，已有200多家企业递交了申请资料，正在排队等待审核。自然，在他之后，还将有几百家企业会陆续送来申请资料。这些企业申请企业发展金补贴的依据不尽相同，有的是在公司注册成立时与管委会签订的投资协议；有的是管委会向企业出具的扶持函；有的是管委会领导批示；有的则没有单独政策，享受的是特定区域普惠政策。

由于企业发展金等各项财政扶持优惠政策的实施等原因，江南区近年来招商引资形势大好，每年都有世界五百强企业在区内投资，区域经济也持续高质高速发展。

二、禁令突降，工作变样

企业发展金补贴申请资料的快速增加让王晓压力倍增，但由于长年历练，他仍在有条不紊地开展着工作。他先将各企业的申请资料按递交先后顺序统一编号，然后将企业上报的各税种数据录入预先做好的表格，再按投资协议等优惠政策约定，逐个企业逐个税种计算返还额度。在计算之前，王晓还必须将企业上报的各个税收数据进行整理，送到国税局、地税局进行核实。由于时间紧迫，而且要给国税局、地税局增加不少工作量，所以王晓每次都要说好话、陪笑脸。

企业发展金补贴的计算是一个复杂的过程。首先，因为不同企业涉及的税种不同，有增值税、营业税、企业所得税、房产税等，且各个企业享受的税种数量也不同，有享受一个的，也有享受多个的。其次，政策优惠力度也不同，有按省级留成返还的，有按区级留成返还的，且同一企业不同税种优惠力度也可能不同。最后，优惠政策期限不同，有三年、五年等有期限的，也有长期有效无期限的。此外，若企业上报的税收数据在国税局、地税局核查有误，王晓还得逐个给企业打电话，反复核实，以保证不出现差错，这往往用掉许多时间和精力。

在核查、计算完所有数据后，王晓还得撰写报告请示管委会领导。由于企业数量较多，王晓一般以 100 家左右为一批，将各个企业的经营情况、政策内容、税收变化及原因、返还额度等进行汇总。领导批示同意后，再联系企业进行拨款。一般完成一批需要约两个月的时间。不知不觉，半年过去了，王晓已经完成了两批企业发展金补贴的审核、拨款工作，第三批领导已经批完，只差拨款。

2014 年 12 月 9 日，国务院发布《关于清理规范税收等优惠政策的通知》，宣布要全面清理已有的各类优惠政策，在清理完毕之前，各地区一律不得再行兑现。紧接着，12 月 22 日，财政部印发《关于贯彻落实国务院清理规范税收等优惠政策决策部署若干事项的通知》，并做了具体部署和安排，要求各地区、各有关部门要对区域内的税收等优惠政策进行清理，特别要对与企业签订的合同、协议、备忘录、会议或会谈纪要以及“一事一议”形式的请示、报告和批复等进行全面梳理，摸清底数，确保没有遗漏。

此前，王晓也曾多次听说国家要清理优惠政策，但禁令之严前所未有。这一消息到来，王晓懵了。江南区财政局经研究后，决定暂停所有财政扶持优惠政策的兑现工作。此次暂停的，不仅包括与税收挂钩的企业发展金等补贴，也有不与税收挂钩的房租、科技项目匹配等补贴，因为谁也不知道下一步财政部的督促检查中哪个补贴政策会与税收有关系，所以不敢冒违反纪律的风险。健康生物公司的企业发展金在第三批，此时尚未收到补贴资金，李兵打电话向王晓咨询此事，王晓的回答只有一句：上网查《国务院关于清理规范税收等优惠政策的通知》。李兵也懵了，他觉得与前两批已收到企业发展金补贴的企业相比，健康生物公司吃亏了。

王晓此时感受到的是工作上的暂时轻松，即自己不用再开展企业发展金兑现工作了；招商部门的同事也暂时不用再招商引资了；国家营造公平竞争市场环境的态度，中小企业终于有喘息机会了，企业自主经营，政府服务就好。

休息几天之后，王晓再次忙碌起来，但这次工作内容已经大变样，他要和同事们梳理财政扶持优惠政策了。财政部要求，各省、市、县级财政部门对2014年12月1日前出台的现行优惠政策，按照税收收入、非税收入、社会保险缴费、财政支出、财政体制、其他优惠政策六种情形，分类填报清理情况表，经本级人民政府批准后，报上级财政部门备案，并于2015年3月底前将专项清理情况报财政部。由于通知提出，拟申请保留的优惠政策要上报国务院审批，江南区管委会不愿遗漏任何一家企业，因此决定所有优惠政策都申请保留，全部上报。这项工作和兑现企业发展金补贴政策相比一点也不简单，因为江南区成立二十多年来，享受财政扶持优惠政策的企业几乎全部是由各招商部门引进来的，而招商部门已多次重组，人员也几乎换遍，有的招商部门甚至不清楚有多少企业应由本部门负责统计。此外，财政扶持优惠政策的形式多样和管理混乱也给梳理工作带来困难。所以，一遍遍统计，总有遗漏，但领导又要求不能遗漏，因为名单一旦上报将不能加补。要赶在3月底前上报财政部，而各级政府汇总都需要时间，留给江南区的时间并不多，加之上级部门频繁催促，王晓和同事们只能加班加点地梳理统计。

三、喜忧参半，问题凸显

在和同事们加班加点梳理财政扶持优惠政策时，王晓虽然身体疲惫，但开心。一是从个人层面来讲，这次清理完成以后再也不必为企业发展金等财政扶持优惠政策兑现而劳累了，作为一个经济功能区的基层财政工作人员，工作量一下子少了很多，岂不是一件好事；二是从政府层面来讲，虽然各项财政扶持优惠政策对投资增长和产业集聚有促进作用，但扰乱了市场秩序，影响了国家宏观调控政策效果，而且若没有财政扶持等优惠政策，企业选择投资目的地时将更加注重公共服务和基础建设，有利于促进政府转变职能，更好地为经济社会发展服务；三是从国家层面来讲，清理各项优惠政策，有利于加快建设统一开放、竞争有序的市场体系，破除地方保护和不正当竞争，清除影响商品和要素自由流动的市场壁垒，推动完善社会主义市场经济体制，使市场在资源配置中起决定性作用，促进经济转型升级。

与王晓的感觉正好相反，江南区管委会各招商部门心里很没底：“若没有财政扶持优惠政策作抓手，接下来的招商引资该如何开展？江南区的区域优势在哪里？基础设施、公共服务是否具有吸引力？新的大企业还能否引进来？”管委会领导心里也没了底：“没有财政扶持优惠政策，区内大企业还会不会在江南区继续安心经营？若无大企业，经济指标怎么上得去？而且，当初政府对企业的优惠承诺，如果继续执行则违反规定，不执行又面临‘违约’风险，陷入了进退两难境地。”

面对国家突然发布的禁令，健康生物公司的李兵和许多企业人员一样，心里也在嘀咕，他们有个疑问：“财政扶持优惠政策协议是清理政策出台之前签订的，为何不算数？政府说变就变，还有诚信吗？而且，对我们企业来讲，当初就是奔着江南区的优惠政策来的，如果取消了优惠，那么已签订的投资项目就必须要考虑停下来。现在经济下行压力这么大，企业经营困难也不少，这时候一下子取消，我们企业承受不起。”

四、何去何从，变通执行

面对管委会内部同事和外部各个企业如此多的现实问题，王晓的开心一点点消失，他开始和同事们一起认真思考江南区未来的发展。王晓得知，全国已有一些地方为了吸引企业入驻，支持企业发展，将财政扶持优惠政策进行了变通，继续让利给企业。如宁夏回族自治区通过了《关于运用政府产业引导基金促进产业加快发展的意见（送审稿）》，决定从 2015 年开始设立政府产业引导基金，基金规模暂定 30 亿元，分三年到位，每年 10 亿元，用于农业、工业、服务业、文化、旅游、科技、对外开放等领域；青岛市也出台工业转型升级引导基金设立方案，引导股权投资企业和社会资本向全市工业和信息产业领域的未上市企业投资。

这给了江南区管委会以启发，管委会领导在2015年春节后的一次内部工作会议上表示，目前国家暂停了财政扶持优惠政策的兑现工作，因此，江南区也不会延续落实以前的政策，但为了区域更好的发展，会重新制定其他符合要求的优惠政策，有重点地补贴有发展前景的产业和企业。此后，李兵再向王晓询问优惠政策的事有无新进展时，王晓的回答不再像从前一样坚决，在口气上有了一些松动。

在这一思路下，经过管委会领导和多个部门反复研究，江南区正式创立了新的补贴方式，即“中心、基金加专项”，并于2015年4月对外宣布。

中心，即成立江南区投资担保中心，注册资金50亿元，承担江南区中小微企业贷款风险补偿机制职能，对全市贷款风险补偿机制形成补充。该举措旨在更大力度地解决企业融资难问题，区内补偿机制确定风险代偿比例为担保中心承担75%，合作金融机构承担25%。担保中心对企业贷款按照年利率1%～3%进行贴息，进一步降低企业融资成本，有效解决企业融资贵问题。

基金，即由江南区担保中心为有限合伙人发起设立，包括四只产业母基金：高端制造业引导基金、现代服务业引导基金、科技创新产业引导基金及产业人才发展引导基金。除人才基金规模为3亿元外，其他每只基金初始规模均为12亿元。按照“政府引导、市场运作、防范风险、滚动发展”的原则进行管理。以财政资金为引导，积极吸引社会资本进入。基金采取市场化运作、专家化管理模式，充分发挥金融机构资金、产品、网络优势，为产业集聚、升级打造全方位、专业化、低成本的金融服务支持方案。

专项，即设立高端制造业、现代服务业、高新技术产业及人才等专项资金，各专项资金将列入年度财政预算，并在以后年度持续补充。高端制造业及现代服务业专项资金将通过贷款贴息、建设公共服务平台、业务奖补及金融服务等方式对相关产业项目给予支持。高新技术专项资金通过在科技成果转化、打造科技公共平台、科技文化建设、科技企业培育等方面的支持，为高新技术产业发展提供服务与支持。人才专项资金通过健全奖励培养、人才安居、医疗保障、子女教育配套政策吸引人才、留住人才。

五、恢复原状，无限遐想

2015 年 5 月 11 日，国务院发布的《国务院关于税收等优惠政策相关事项的通知》，使他们悬着的心终于彻底放下来了。通知要求，暂停《国务院关于清理规范税收等优惠政策的通知》部署的税收等优惠政策专项清理工作；各地与企业已签订合同中的优惠政策，继续有效；各地区、各部门已经出台的优惠政策，有期限的按规定期限执行，无期限又确需调整的，由地方政府和相关部门按照把握节奏、确保稳妥的原则设立过渡期。

对国家不再“一刀切”的做法，王晓和管委会招商部门的同事表达了他们的看法：“在中国，对土地和资源的控制是地方政府之间进行竞争的资本。从某种程度上，这种竞争促成了中国经济的迅速发展。而各种名目的财政扶持优惠政策则正是地方政府间进行竞赛的主要手段之一。所以，优惠政策还得有!”

自此，李兵再次开始不断打电话，向王晓确认健康生物公司企业发展金补贴拨付的进展情况。同时，李兵还提到：“公司准备再向江南区管委会申请新的补贴政策，因为其他一些地方各种形式的财政扶持优惠政策更多，健康生物公司与其他地方同一产业的企业相比，不能享受到同等的国民待遇。”王晓心里咯噔一下，难道发达国家的同等国民待遇也是这样吗?

王晓开始加班加点继续办理企业发展金优惠政策兑现工作。这次他更忙了，不仅要将 2014 年没做完的工作继续做完，还得面对扑面而来的新年度的兑现工作。而此时，距离《国务院关于清理规范税收等优惠政策的通知》的发布才过去了半年。

思 考 题

1. 你怎样评价财政扶持优惠政策的作用？优惠政策在什么情况下正面作用更大，什么情况下负面作用更大？

2. 你如何评价《国务院关于清理规范税收等优惠政策的通知》对清理优惠政策“一刀切”的做法？为何仅半年后就暂停了？

3. 政府在经济发展中的作用是怎样的？如何正确看待政府与市场的关系？

4. 从长远来看，你对全面清理各项优惠政策有什么建议？

案例教学指导

A 市财政扶持优惠政策的“死”与“生”

一、课前准备

至少在本案例讨论课前一周，将本案例下发给学生，要求结合案例查找政府与市场关系的相关内容，特别是财政扶持优惠政策作用的相关材料，并阅读相关文献。学生需提前分组，每组 3 ~5 人为宜。每组均就课后习题准备发言提纲。

二、适用对象

公共管理专业硕士及经济学、管理学相关专业硕士研究生。

三、教学目标

（1）通过本案例，帮助学生了解基层政府对企业实施优惠政策的现状。

（2）分析政府在推动经济发展中存在的问题，寻求可改进措施。

（3）通过分析财政扶持优惠政策的利与弊，帮助学生探讨政府与市场在经济发展中的定位，培养学生的综合分析能力。

四、要点分析

1. 实施财政扶持优惠政策的注意事项[①]

（1）处理好财政扶持优惠与投资环境的关系，充分认识招商引资的关键仍是改善投资环境。按照联合国贸易和发展会议的定义，优惠是指政府提供给特定企业的任何可衡量的经济方面的利益，由此可以提高特定企业

① 罗美娟、龙超：《税收优惠政策在吸引外资中的作用及启示》，载于《税务研究》2001 年第 7 期。

的收益率，或降低其成本或风险。但是，我们应当注意区分优惠与投资环境要素之间的差异，优惠并不包括如基础设施、投资制度环境、企业经营制度等因素。毫无疑问，这些政策或者基础设施会影响公司的投资决策，但从实质上说都不是对直接投资的优惠，而是涉及一个投资环境问题。只有在企业的其他生产经营条件已经具备的情况下，各种优惠政策才具有实际意义。因此，我们不能仅依靠竞相给予优惠来招商引资，投资环境的改善同样十分重要。

（2）必须认识到产生财政扶持优惠政策效应的有效条件，重视其他政策的搭配与组合。应当看到财政扶持优惠在影响直接投资的区位选择决策中作用的有限性，其他如政府对企业的态度、区域经济发展的稳定性等因素同样重要。财政扶持优惠的效果取决于许多条件，同时还需要政府和政策的协调。只有财政扶持优惠而缺乏其他相应的政策，投资者从财政扶持优惠中得到的利益往往会被其他负面因素所抵消。这就要求我们在制定招商引资的政策中，注意财政扶持优惠与其他政策变量与非政策变量的配合。

（3）必须考虑财政扶持优惠政策的效率与代价，审慎地利用财政扶持优惠。财政扶持优惠有效是指财政扶持优惠能显著增加经济的产出，对区域产生的实际利益大于由于财政扶持优惠实施而导致的利益损失或机会损失。通常，直接投资给区域带来的利益有创造就业机会、改善基础设施、技术转移与扩散以及拓展新市场等。同时，也可能由于损害环境、耗费原材料、割裂原有经济等而导致区域的较大损失。只有当投资利益大于损失时，财政扶持优惠才是有效率的。区域不能因为片面追求外来投资的数量而牺牲本区域的利益，在承诺财政扶持优惠政策时，要充分考虑该项政策的实施对本区域环境、市场、技术等方面的影响。

2. 正确处理政府与市场关系①

（1）正确划分政府与市场的功能边界。“更好发挥政府作用”，关键在于矫正政府在资源配置中的错位、越位和缺位的问题，寻找市场决定作用与政府调节的最佳结合点。市场经济条件下，必须确立“有限政府”理念，“法无授权不可为，法不禁止即自由”。市场经济中，政府的

① 陈铁英：《试论我国政府与市场的关系》，载于《当代经理人》2006年17期。

主要经济职能就是稳定宏观经济、提供公共服务、维护市场秩序、调节分配不公，要充分发挥市场机制，调动经济主体的积极性，政府必须减少其盲目性的干预，增加其服务性、社会性的职能，用“有形之手”保障“无形之手”。

（2）以市场为中心，建设服务型政府。市场是社会基础性的内容，国家是从社会产生的上层建筑，只要国家政府存在，它就必须履行其作为上层建筑的职能，为社会服务，为市场服务。因此，在处理政府与市场的关系问题时，必须首先明确政府职能，应该在经济领域中寻求市场调节和政府干预的最佳结合点，使政府更恰当、更有效地发挥作用，促进社会经济的发展。从这个角度来说，可以通过建设服务型政府为社会经济的发展提供更多、更高水平的公共服务，为政府自身的存在与发展提供合法性基础。

（3）引入竞争机制，重视市场内在规律，提高政府服务的效率。自由、平等而充分的竞争是市场经济能够提高效率的重要原因。随着我国社会主义市场经济的发展，在政府与社会之间出现了许多可以提供公共服务的“第三部门”，它们的出现为政府竞争机制的引入提供了前提，也有效提高了政府公共服务的效率。同时，要重视市场内在规律，提供公平竞争环境，重视自由竞争环境的创造。

（4）完善市场机制及市场体系的建设。完善市场机制的建设，充分发挥竞争机制的作用，使其价格能够充分反映供求关系并且真实合理。健全市场的法律法规，填补法律法规的空缺，并根据市场经济的发展，完善法律法规，真正做到有法可依。加强公民的法律意识，加强我国监督机制的作用，使法律真正发挥规范、约束、制裁的作用，完善我国的市场体系建设。

（5）采用多种手段，改变政府管理方式。有限政府、服务型政府的理念并不意味着政府对社会管理职能的消失，事实上政府正是通过管理的方式来实现服务的功能。随着我国社会主义市场经济体制的建立，政府必须改直接的微观调控为间接的宏观调控，给市场以充分的发展空间；同时必须改变单纯依靠行政力量干预经济生活的方式，采取行政、经济、法律等多种手段对经济生活进行灵活多变的管理，使市场经济的稳步发展与政府效能的提高能够相互促进。

3. 如何更好地发挥政府的作用①

《中共中央关于全面深化改革若干重大问题的决定》（以下简称《决定》）阐明了以下三点：

（1）职能定位。《决定》指出，“政府的职责和作用是保持宏观经济稳定，加强和优化公共服务，保障公平竞争，加强市场监管，维护市场秩序，推动可持续发展，促进共同富裕，弥补市场失灵”“加强中央政府宏观调控职责和能力，加强地方政府公共服务、市场监管、社会管理、环境保护等职责”。归纳起来，政府要做好五件事，即宏观调控、市场监管、公共服务、社会管理和环境保护。

（2）简政放权。当前，政府很多该做的事情没有做好，却管了很多不该管、管不了也管不好的事情。《决定》指出，“进一步简政放权，深化行政审批制度改革，最大限度减少中央政府对微观事务的管理，市场机制能有效调节的经济活动，一律取消审批，对保留的行政审批事项要规范管理、提高效率；直接面向基层、量大面广、由地方管理更方便有效的经济社会事项，一律下放地方和基层管理”。《决定》还提到了负面清单管理，这是一项颠覆性的改革措施。在负面清单管理下，各类市场主体可依法平等进入清单之外的领域，做到“法无禁止即可为”，意味着政府管理范围的缩小，大大减少了政府的自由裁量权。

（3）考核导向。《决定》指出，“完善发展成果考核评价体系，纠正单纯以经济增长速度评定政绩的偏向，加大资源消耗、环境损害、生态效益、产能过剩、科技创新、安全生产和新增债务等指标的权重，更加注重劳动就业、居民收入、社会保障、人民健康状况”。这项重大改革如果严格贯彻实施，将纠正单纯以经济增长速度评定政绩的偏向，引导政府把注意力更多地集中到转方式、调结构、增效益上来，解决经济发展不平衡、不协调、不可持续的问题。

五、课堂安排

本案例的学习需要3课时，即135分钟完成。

（1）在课堂上讨论本案例前，首先由教师对本案例进行简要介绍和分

① 崔文良：《正确处理市场与政府关系》，中国人大网，2014年1月10日。

析，明确案例讨论的要求。这部分需要 20 分钟。

（2）安排学生分组讨论，研究整理课前准备的发言提纲。这部分需要 25 分钟。

（3）学生小组代表发言和提问。针对每个课后问题，要求每组学生派一名代表发表本组观点，并进行提问和讨论，教师要做适当的引导和评论，每个问题的讨论时间控制在 30 分钟以内。这部分需要 75 分钟。

（4）教师点评。根据学生发言情况，教师做简要点评，并布置课后作业。这部分需要 15 分钟。

利用三方数据　小税种牵出大税款

——T市某实业有限公司纳税评估案例

刘秀丽　张枝清*

一、背景

T市H区位于T市西南部，东临渤海，西连冀中，是国务院批准的沿海开放区县之一。全区总面积1476平方公里，辖18个乡镇、383个行政村，总人口56万人。H区地理位置优越，交通便捷。区域经济主要以工业为主，多年来经济高速增长。随着经济的快速发展，H区地税局税收收入也呈现了较强的增长势头。税收收入由2010年的13.76亿元发展到2014年的36.04亿元。在经济和税收的快速增长中，重点行业和重点税源企业起着重要的支撑作用，为经济和税收都做出了非常重要的贡献。

H区是一个老工业区，钢铁行业是主导产业，特别是钢管企业数量与产量均占有很大的份额，形成了以焊管产业为主要支撑的黑色金属压延加工业产业格局，H区钢材产量占T市同行业的1/3，焊管加工能力近1900万吨。

钢铁工业是国家重要的基础原材料行业，为国民经济发展作出了不可或缺的积极贡献，经过几十年的创新发展，中国成为钢铁大国，生产总量占世界半壁江山，这是中国钢铁人的光荣。但是，随着我国经济进入新常态，我国经济正在向形态更高级、分工更复杂、结构更合理的阶段演化，经济发展进入新常态，正从高速增长转向中高速增长，经济发展方式正从

* 刘秀丽，天津财经大学财税与公共管理学院，教授。张枝清，天津市静海区地方税务局。

规模速度型粗放增长转向质量效率型集约增长，经济结构正从增量扩能为主转向调整存量、做优增量并存的深度调整，经济发展动力正从传统增长点转向新的增长点。国家明确提出，在“十三五”期间要淘汰1亿~1.5亿吨落后产能，围绕市场加快结构调整，深入开展节能减排，进一步优化钢铁产业布局，发展多元经营。在中央去产能的战略决策背景下，H区诸多规模较小、技术含量较低、创新能力不足的中小型企业，在激烈的市场竞争中处于劣势。

面对经济下行压力增大、产业结构调整、人工成本增长等不利因素，H区经济增长动力不足，增速放缓，税收增长乏力。为此，H区地税局召开多次税收分析会，坚定确保完成税收任务的信心和决心，对经济形势与税收形势进行充分的研究与预判，研究制定可行措施，从四个方面细化举措，增强工作的主动性。一是搞调研，先后深入各科所、18个乡镇、房管、土地、建委、发改委、市场监管委等单位和部门，全面了解税源状况，熟悉掌握全区经济运行情况，准确把握全区经济发展及产业结构调整的思路和要求，为组织收入工作奠定基础；二是细分析，以房屋交易、土地权属转移、股权转让、项目立项、国税纳税数据等信息为基础，对重点所、重点行业、重点税源进行专题分析比对，摸清增减因素，找准减收原因，深入挖掘增长点，为组织收入提供了着力点；三是定措施，通过进行税源分析，初步判定钢铁企业的企业所得税增长乏力，既有经济形势不好影响企业效益问题，也有企业借经济下行之名虚增成本少缴企业所得税的情况。为此，H区地税局果断采取措施，明确了由纳税评估科具体实施、税管科提供政策支持的模式，对钢铁行业企业所得税实施专项评估。纳税评估科利用数据仓库提取最近三年的汇算清缴数据，进行了详细分析比对，并根据企业所得税税收贡献率进行了排名，确定对贡献率低、纳税调整存在逻辑错误的企业，进行企业所得税的专项评估。

二、初战告捷

1. 纳税人基本情况

T市某实业有限公司成立于2001年1月1日，法定代表人杨某。注册资本：5000万元。企业登记注册类型：其他有限责任公司。企业所属行业：钢压延加工。主要经营范围：钢压延加工。金属材料批发兼零售（国家有专营专项规定的按专营专项规定办理）。企业所得税由地方税务局征收，征收方式为查账征收。印花税征收方式为核定征收。

2. 所得税评估无功而返

由于该纳税人在营业收入比较平稳的情况下连续三年亏损，H区地税局纳税评估科将其列为评估对象，对该企业下达了《税收函告通知书》，并要求企业针对疑点问题进行书面解释。纳税人对亏损情况进行了书面说明。该企业在书面说明中强调，因为当前市场竞争激烈，企业设备老化，技术水平较低，产品不具备竞争力，且劳动力成本不断上涨等客观原因造成企业连续亏损，而对其成本核算情况避而不谈。根据该企业的书面说明，无法消除评估疑点。为进一步推进评估工作，纳税评估科对该企业下达了《实地核查通知书》，并由小韩等三名纳税评估人员对该企业实施了实地核查。在实地核查过程中，该企业财务人员对评估人员的态度并不友好，财务主管更是牢骚满腹，“企业现在太困难了，各项成本都在增加，老总还整天让我们财务人员分析亏损原因呢。而且整体经济形势不好，市场需求量和生产产量完全不能匹配，单靠你们对我们企业进行税务检查，也完成不了税收任务”。为了争取该企业财务人员的配合，小韩耐心讲解纳税评估的政策，明确告知对其实施纳税评估既是政策要求，也是帮助企业规避涉税风险。但评估人员的耐心讲解换来的只是该企业财务人员不屑一顾的表情。该企业财务人员为评估人员提供的纸质账册字体非常小，各类表格排序混乱，为评估人员实施评估制造了很多困难。面对该企业财务人员的刁难，纳税评估人员坚定决心，详细查看了该企业近三年来的成本明细账，一笔一笔地与原始凭证核对，校验每个科目与财务报表。通过查看账目，评估人员并没有发现明显的问题。至此，对该企业实施的纳税评估遇到了“瓶颈”。

为了攻克纳税评估中遇到的“瓶颈”，纳税评估人员把企业成本明细账与期间费用明细账制作成电子表格，带回税务机关继续评估。纳税评估人员回到单位后，加班加点对企业三年的成本明细账与期间费用明细账的构成及变动情况进行了详细的比对，对其产成品率和废品率进行了计算。

通过计算发现，该企业的废品率明显高于行业平均值。针对此疑点，纳税评估人员约谈了该企业财务负责人。财务负责人一口咬定企业设备老化造成废品率高，成本核算并不存在问题。纳税评估工作再度陷入僵局。

3. 调整方向找准突破口

由于企业所得税的评估陷入僵局，纳税评估科的同志们一言不发，每个人都在计算机前对企业导出的电子账一个科目一个科目地进行分析。这家企业肯定存在问题，之所以陷入僵局，是因为没有找准突破口。一个方向走不通，就多换几个方向。纳税评估人员不再只盯着企业所得税和企业的成本账，转而对城市维护建设税、房产税、城镇土地使用税及印花税纳税情况进行认真分析。城市维护建设税、房产税、城镇土地使用税也没有发现问题，只剩下不为税务人员重视的印花税了。在评估人员进行讨论的过程中，一名评估人员回忆起企业财务人员的一句话，“企业没有利润还要交印花税，印花税交的比房产土地税都多了”。企业财务人员的话可谓“一语惊醒梦中人”，评估人员意识到，印花税虽然是小税种，但是钢铁企业一般销售额较大，印花税大于房产税与城镇土地使用税是很正常的现象。从这一角度考虑，纳税评估人员感觉到有可能通过小税种来寻找突破口。于是，纳税评估人员通过数据仓库提取了该企业三年来的印花税申报记录，与账目中的销售收入及支出进行了认真的分析比对。通过比对，发现该企业在印花税缴纳中存在明显的问题。表 1 为该企业三个年度的销售收入、进项税额、估算的印花税及实际缴纳情况。经过估算，企业三个年度共少缴印花税 57.4 万元。

表 1　　2012～2014 年度企业税收情况　　单位：元

序号	项目	2012 年度	2013 年度	2014 年度	合计
1	销售额	1039128091	1566275810	1095611520.3	3701015421
2	进项税额	175194844.5	262991702.9	182930776.8	621117324.2
3	估算支出额	1030557909	1547010017	1076063393	3653631319
4	核定收入比例	0.8	0.8	0.8	—
5	核定支出比例	0.5	0.5	0.5	—
6	估算印花税额	403974	607958	424356	1436288

续表

序号	项目	2012 年度	2013 年度	2014 年度	合计
7	估算应入库	403974	607958	424356	1436288
8	实际入库税额	184295.17	497173.50	180384.47	861853.14
9	差额（估－实）	219678.83	110784.5	243971.53	574434.86

4. 取得单点突破

评估人员根据案头分析发现的问题，对该企业下达了《税务约谈通知书》。在约谈过程中，评估人员为该企业财务人员指出了印花税缴纳中存在的问题，明确告知其近三个年度少缴印花税57.4万元。企业财务人员面对强有力的证据，终于认识到纳税评估工作的进程不可逆转，少缴税款的事实不能更改。至此，纳税评估人员成功突破了其心理防线，对该企业的纳税评估取得了突破性进展。纳税评估人员再接再厉，对该企业财务人员展开了心理攻势，通过为其讲解税收政策，终于得到了该企业财务人员的认同和配合。最终，该企业承认对印花税核定征收政策把握不准确，只对签订正式合同的收入进行了申报，导致少缴印花税。同时，也承认在成本核算中存在多记原材料数量，造成废品率高的问题。

纳税评估人员对该企业下达了《涉税事项通知书》，责令该企业进行自查补税。经自查，剔除电费等不需缴纳印花税的支出金额，该企业共补缴印花税521223.24元、企业所得税224351.5元，并按规定加收了滞纳金。

三、地税局的困惑

虽然本次评估为所得税专项评估，但纳税评估人员凭借敏锐的洞察力发现“小税种可能存在大问题”。为此，纳税评估人员结合本次评估工作，对企业印花税征管中存在的难点和企业少缴印花税的原因进行了深入分析：一是由于地方税务局对于企业收入与支出情况掌握不准确、不及时，企业自行申报的印花税报表不能直接发现问题，导致部分企业产生侥幸心理，故意少申报缴纳印花税；二是由于税务人员的思维定式，主观地认为印花税属于零散税种，税款既少又难以管理，因此思想上重视程度不够高，导致对印花税核定征收的政策宣传不到位，对印花税的监控也不到位。

为了进一步堵塞征管漏洞，纳税评估人员在深入分析印花税征管中存在问题的基础上，对如何开展印花税评估进行了激烈讨论。在探讨中发现，虽然该实业公司少缴印花税的问题不是个别现象，但若想对全区一万多户企业进行“地毯式”评估，仍然难以实现。实施印花税评估，需要对每户企业的收入、成本等相关数据进行统计与分析，以 H 区的企业保有量来讲，当前的纳税评估人员力量无法完成入户检查式的评估。纳税评估人员认识到，要想提高工作效率，让印花税评估工作批量开展成为可能，必须充分利用大数据的优势。

在不断的研究摸索中，纳税评估科的同志们提出了两种可行性方向，并对两种模式的可行性进行了实践探索。一是按印花税占收入的比例进行税负的测算，然后按印花税税负进行排名来确定疑点企业。但经过数据测算，由于企业财务报表的申报率及申报准确率问题，造成相当一部分企业的印花税税负率失真。再有，就是不同行业的印花税税负差异较大，如果按每个行业进行评估，由于企业数量有限，统计数据偏差过大，评估准确程度无法保证。二是掌握企业收入与支出，通过计算测算出企业应纳印花税额。根据印花税核定征收办法，企业应交印花税＝(收入×核定比例＋支出×核定比例)×印花税率，在此基础上建立的评估模型相对简单，但必须要满足两个前提条件：一是要掌握企业购进货物的金额；二是评估模型要具备对全区一万多户企业的数据进行自动测算的功能。当前，地税机关无法通过企业报表或数据仓库提取到企业的购货金额，也没有支持此类计算的应用平台。

四、攻坚克难

为了攻克模型构建过程中的困难，纳税评估科全体同志加班加点、集思广益，最终寻找到了解决问题的途径。按照当前的现状，国税局掌握企业的“进项”与“销项”金额，可根据“增值税进、销项”金额估算出企业的收入与支出金额。如果能从国税机关取得企业增值税申报数据，进而推算出印花税税基，并通过 Excel 进行相关的批量计算，将计算结果与地税实际申报数据进行比对，可以发现疑点企业。

有了明确的思路后，H区地税局与区国税局经过多次沟通协调，国税局同意将最近五年的增值税申报数据提供给H区地税局。五年的数据一共10万多条。由于国税部门与地税部门在“三证”合一前的数据并不一致，国税局与地税局的企业代码有不同的编码规则，一些企业的名称也因为输入法的原因造成不能全部匹配，给数据的关联比对带来了困难。

纳税评估科全体同志迎难而上，对数据关联与比对问题发起了一轮又一轮的“进攻”，先后克服了数据关联、转换、比对等多项困难，将国税局五年的数据通过Excel的透视表功能进行了汇总，通过税务登记证号与地税的印花税数据进行关联。经过努力，最终将估算出的应交印花税金额与实交印花税金额进行了比对，共筛选出疑点企业850户。

五、乘胜追击

为准确把握税收政策，纳税评估科和税管科共同针对评估中可能遇到的问题进行政策研究。在政策研究过程中，对印花税滞纳金加收等把握不准确的问题，主动向市局有关处室请示，获取政策支持，为纳税评估工作的开展夯实了基础。

在准确掌握税收政策的基础上，纳税评估人员选取了两户印花税疑点企业，对评估模型进行测试。经测试，评估模型的应用极大提高了印花税评估工作的效率。随后，纳税评估科将评估模型在区局范围内进行了全面应用。纳税评估科将850户企业进行了分类，估算差额10万元以上的企业列为专项评估对象，实施专项评估。差额10万元以下的由企业自查。在开展纳税评估工作之前，纳税评估科在各税务所选取11名税收管理员对相关税收政策与评估模型的使用进行了集中培训，提高了各税务所开展纳税评估工作的能力。印花税评估模型在全局得以全面推广应用，经过三个月的努力，共评估税款2250万元，加收滞纳金310万元。印花税专项评估后，全区印花税自行申报金额比评估前月平均申报额增加了5%。

纳税评估科秉承着边实践、边完善的原则，按照从发现“点”的问题到解决“面”的问题的思路，结合印花税专项评估工作，不断总结、持续改进，先后制作出房产税、城镇土地使用税等四个税种的纳税评估模型，摸索出了一套适用于基层税务机关开展专项评估工作的有效方式和方法。

六、全面开花

H 区地税局将印花税专项评估的情况及评估模型应用取得的成果向市地税局进行了汇报，获得了市局领导的高度认可。经市地税局领导研究决定，将该评估模型在全市局范围推广应用。市地税局主动与市国税局沟通协调，获取了全市企业五年的增值税申报数据。全市五年的申报数据有几百万条，再用 Excel 方法已经无法实现。评估处同志用 PL/SQL 将国税数据进行了整理，将数据导入市局数据仓库。经过数据计算，确定对 3600 家疑点企业进行重点评估和专项评估。为了提高评估效率，利用数据仓库制作了查询模板，支持单户与多户明细数据查询。由于评估涉及年限长，计算每月税款与滞纳金是一件非常麻烦的工作。为了进一步提高工作效率，评估处设计了自动计算税款与滞纳金的计算模板，大大提高了评估的效率。印花税专项评估在全市推开，共评估税款 4.9 亿元。

同时，在评估过程中发现征管中存在以下问题：一是区县局之间对于核定比例掌握政策不一致，导致同行业企业印花税税收负担不一致；二是印花税核定征收审批手续不全；三是印花税核定征收税率档次较多。根据评估中发现的问题，T 市地方税务局货物和劳务税处下发了《T 市地方税务局关于进一步加强印花税征管工作的通知》，同年对印花税核定征收办法进行了修订。

七、结束语

税收风险管理是以风险管理理论为基础，针对不同类型和等级的涉税风险采取不同应对措施的一种事前管理模式。通过积极主动的管理、辅导和服务督促纳税人准确、及时履行纳税义务，能最大限度减少税收流失，更重要的是在提高征管质效的同时，促进建立征纳双方和谐关系。

按照纳税人监管范围的大小和监督力度的不同，目前税务机关采取的监管方式大致分为三种：一是事无巨细地监管全部纳税人的全部涉税事项。这是目前普遍应用的方式，但是由于涉及管理人员综合素质要求高，管理事项多且重点不清，容易导致投入多，却管不全、管不好、管不精，既增加税务机关的管理负担，还引起纳税人的不满。二是针对存在涉税风险的纳税人，这种方式在精准定位涉税风险的纳税人上较前一种更进一步。但是，由于缺乏对风险有效的识别和区别的应对手段，划分涉税问题的纳税人存在难度，不具有可操作性。三是对纳税人的涉税风险进行排序，通过稽查、纳税评估等手段进行风险应对。这种方式将涉税风险纳税人的管理具体化，将实用性和效率性相结合，帮助税务机关找到最佳资源配置形式和税收遵从目标最大化之间的最优结合点。

目前，在国地税征管改革的大背景下，金税三期的上线为全面应用大数据管理提供了便利，将风险管理的基础理论引入税收管理过程中，通过风险模型建立和风险排序，加强风险识别和应对。结合稽查、纳税评估等手段建立科学有效的税收流失风险的管理架构，对于税务机关整体提高税收征管效率、税收征管水平及保证税收收入的稳定均有决定性的作用。

首先，税收流失风险管理能提高征管质量。在当前经济环境下，由于纳税人税法遵从度不高，主观上存在税收不遵从的故意，加之税收政策法规复杂程度高且变化速度快，客观上也增加了纳税人的税收风险。通过税收流失风险管理对税收风险进行统一识别，以推送任务的形式进行应对，减少了人为因素的影响。对由于政策了解不清等客观原因产生的税收风险，对纳税人进行纳税辅导，督促纳税人准确掌握税收政策从而不断提高纳税人的税法遵从度，促进改善税收征收管理的质效。

其次，税收流失风险管理能有效消除税收风险，促进税收征管公平。新形势下的税收征管管理应该是公平、透明、高效的。要做到公平，不仅要求相同税务事项执行一致的税收政策，还应包括对于税收不遵从行为的发现与处理的一致性。通过风险扫描可以实现对纳税人的全覆盖，主动发现纳税人的涉税问题，对于非主观原因的问题，通过自行补税的方式消除风险，对于涉及主观逃避缴纳税款的恶性问题，通过转交稽查的方式加以打击，从而提高税收征收管理的公平性。

最后，税收流失风险管理有利于构建和谐的征纳关系。税务机关通过有效的风险识别与及时的应对，消除纳税人的涉税风险。这一过程对于主观上没有恶意的纳税人是一个自行改正的机会，以此可以提高企业的税收遵从度。税收遵从度高的企业一般不会被列入评估对象，可以轻装前行，从而构建相互尊重、平等、和谐的征纳关系。

现阶段，税收流失风险管理的水平是决定税务机关工作效能和影响税务机关工作人员执业安全的重要指标。但从理论研究和实践情况来看，我国税收流失风险管理工作还处于起步阶段，尤其是风险识别方法并未形成规范体系，使税务机关对税收流失风险的管理工作缺乏指导性和可操作性。特别是像印花税这种征收范围广、金额相对较小且管理难度大的税种，更是对税务机关的一种挑战。印花税是对在经济活动和经济交往中书立、领受具有法律效力的凭证的行为所征收的一种税。纳税人涉及范围非常广，包括在中国境内书立、领受规定的经济凭证的企业、行政单位、事业单位、军事单位、社会团体、其他单位、个体工商户和其他个人。印花税与其他税种相比较，税率要低得多，其税负较轻，具有广集资金、积少成多的财政效应。印花税由于涉及范围广、税款金额小，被税务机关称为“零散”税种。

鉴于印花税涉及范围广、金额相对较小且管理难度大等特点，T 市地方税务局根据印花税征管实际于 2007 年下发了《关于加强印花税征管工作的通知》，T 市 H 区地税依据市局通知要求，从 2008 年度开始实行印花税核定征收。

由于印花税核定征收的税基数据地方税务局无法准确掌握，对于企业申报印花税的真实性只能通过查账的方式进行验证。但由于企业数量众多，对所有企业进行拉网式检查并不现实，也进一步印证了印花税税源广、征管难度大的现实。T 市 H 区地税局利用大数据理念，通过对第三方数据建立评估模型进行全行业印花税的风险扫描、识别与应对取得良好效果。

税务机关应充分挖掘现有资源及评估工具的价值，以最低的征管成本，取得降低纳税人涉税风险、完善税务机关内部征管工作的双重效果。注重评估方法的针对性和准确性，提高评估模型的实用性与灵活性。简化、优化纳税评估工作规程，提高纳税评估工作的可操作性。紧跟征管改革的步伐，积极探索具有鲜明基层特点的评估方法，促进纳税评估工作大有可为。

思 考 题

1. 基层税务机关纳税评估工作存在哪些问题？
2. 税务机关如何做好专项纳税评估工作？
3. 基层税务机关如何利用大数据思维做好纳税评估工作？

案例教学指导

利用三方数据　小税种牵出大税款

——T市某实业有限公司纳税评估案例

一、案例摘要

纳税评估是税收风险管理的重要环节，采取由“问题”到“方法”的思路来思考问题，采取由“数据”到“问题”的方法解决问题。作为终端的基层税务机关，纳税评估工作开展的好坏关系到税收风险管理的成败，但基层税务机关纳税评估征管工作的现状与税收征管改革的要求还有较大的差距。以做好行业评估与专项评估为例，探索如何充分挖掘现有资源及评估工具的价值，以最低的征管成本取得最大的评估效果。

本案例是讨论加思考性的案例，希望通过描述由一个个例引出的全市范围的专项评估工作，提出问题并探索其答案；充分利用现有资源及评估工作的价值，并提出新形势下做好纳税评估工作的建议。

二、课前准备

此案例按3个学时的课堂教学设计，45分钟为一节课，3学时为3节课，共145分钟（包括课间休息2次，每次5分钟）。

（1）按10人一组分组，课前给每组准备一张一开的白纸，用于书写小组讨论意见。讨论意见逐条分行横列，白纸可以正反两面使用。

（2）课前准备若干支白板笔，发给每组一支用于书写。

（3）课前准备胶带纸或双面胶若干，用于将写好答案的白纸贴在黑板上。

三、适用对象

本案例是为那些接受“纳税评估”相关课程学习的MPA学生、学术研究生以及从事这方面工作的人员设计的，同时也适合公共管理专业其他方向的研究生学习使用。本案例还可以适用于那些具备一定公共管理基本知识并对社会组织发展相关问题有兴趣的非专业人士、学生和实际操作者学习使用。

四、教学目标

本案例教学结合课程中主要覆盖的知识点，注重对学生综合分析能力、决策能力等方面的训练。结合案例内容，主要教学目标如下。

第一，讨论基层税务机关纳税评估工作存在的问题。纳税评估作为税收风险应对的主要手段，起着越来越重要的作用。但是，现阶段基层税务机关的纳税评估工作与征管工作要求还存在很大的差距。以T市地方税务局为例，基层税务机关纳税评估工作还存在一系列问题：缺乏完善的评估系统；第三方数据获取不畅；纳税评估人员水平与工作要求不匹配等。针对以上问题，要求学生进行讨论。

第二，税务机关如何做好专项纳税评估工作。从案例出发，总结专项纳税评估工作的方法，从三个方面启发学生进行思考：一是如何寻找纳税评估突破口；二是如何充分利用数据分析，找出疑点企业；三是如何形成长效解决机制。

第三，总结本案例对纳税评估工作的启示，提出基层税务机关做好纳税评估工作的建议。从四个方面让学生进行讨论：一是如何充分利用现有征管数据；二是如何获取第三方数据；三是如何通过行之有效的方法尽可能多地获取企业数据；四是如何充分利用数据比对与分析、发现问题。

五、要点分析

本案例反映了许多值得探讨的问题，但不可能在有限的3学时里讨论所有问题。教师选择的讲授重点取决于教师的教学目标和学生的学习目标，在3个学时的教学过程当中，由于教师对课题进度控制和学生对课堂讨论的适应情况不同，一般来讲一节课往往只能完成2～3个问题的讨论，精彩的案例和事件往往能够引起师生讨论的兴趣，很难按课前计划的时间结束。本案例值得讨论的问题要点主要有以下几点。

1. 基层税务机关纳税评估工作存在的问题

纳税评估工作经过几年的发展已经成为税收风险管理的重要一环。但是，由于各种因素的限制，基层税务机关纳税评估工作还存在以下问题。

（1）没有完善的纳税评估系统。结合工作实际，基层税务机关对纳税评估工作进行了积极的探索，形成了一套评估模式与评估方法。但评估工作模式距系统化、科学化、信息化的要求还有很大差距。实现纳税评估工作的科学性、系统性与全面性，还有很长的一段路要走。

（2）第三方数据获取不畅。由于还没有形成获取第三方数据的有效机制，税务机关纳税评估可利用资源少，获取途径有限。随着征管改革的不断深入、“简政放权”的提出，要求税务机关的工作方式由前置审批变成后续管理。后续管理对数据获取与分析、比对的需求越来越迫切，但现阶段数据获取主要依靠税务机关与其他部门的“协调”，数据的全面性与持续性无法保证。

（3）纳税评估人员水平与工作要求不匹配。纳税评估工作专业性强，既需要掌握税收政策与征管流程，还要对企业财务核算及行业经营规律有充分的认识。现在企业分工越来越细，专业化程度越来越高，而纳税评估人员不可能对所有行业均有深入的研究，这就造成了纳税评估工作人员水平与纳税评估工作要求不匹配。因此，纳税评估工作需要进一步探索简便、易行的评估思路与操作方法。

2. 基层税务机关如何做好专项纳税评估工作

（1）从“问题”到“方法”。从“问题”到“方法”的反向操作，对日常征管与稽查中发现的问题进行总结，从中找出共性问题；再根据共性问题找出能联接问题的“关键数据”；通过“关键数据”在征管漏洞与申报数据之间建立起比对分析的“桥梁”。

以工业企业核定征收印花税评估为例。日常征管中发现核定征收印花经常出现少申报的共性问题，主要原因是我们并不掌握计税的税基。经过分析发现，印花税的税基可以通过国税申报数据中“销售收入”“进项税额”两项数据计算得出，从而估算出应交印花税额。通过对问题的分析找到了解决方法。

（2）从“数据”到“问题”。充分利用数据仓库批量获取关键数据；将关键数据与征管数据进行关联，通过扫描、计算与比对，找出疑点企业；按风险程度序进行排序，形成风险清册；向税务所推送纳税评估任务之前，制作数据提取、数据计算与分析的模板，提高纳税评估工作效率。

以工业企业核定征收印花税评估为例。地方税务局从国税局取得了最近五个年度的申报数据，根据国税局申报数据估算全局工业企业核定征收印花税金额与企业实际入库的印花税进行比对，找出疑点企业，由税务所进行评估。

（3）形成长效解决机制。根据税收风险的不同，采取不同的应对方式。对于通过调整征管规范能有效解决的问题，通过形成新的征管工作机制的方式化解税收风险；对于不能通过政策流程解决的问题，形成定期比对的机制，有效降低税收风险。

以实收资本印花税评估为例。开展“实收资本”印花税评估后，T市H区地方税务局提出企业首次到税务局进行开业登记时即对其实收资本印花税进行征收的征管措施，对后期增加的实收资本实行定期比对的方式进行管理，以征管措施与定期比对两种方式有效解决了实收资本印花征收问题。

3. 总结本案例对纳税评估工作的启示，并提出对基层税务机关做好纳税评估工作的建议

（1）充分利用现有征管数据。经过多年的发展，各地税务机关都有很多业务系统。以T市为例，目前有管理员平台、数据仓库、契税系统、BIMS系统等多套征管系统及查询分析系统。各系统中存在海量的征管数据，这些数据是纳税评估工作的重要数据来源之一，充分运用好这些数据对于做好纳税评估工作具有重要的意义。

目前，这些系统如同一座座“孤岛”，没有形成系统、有效的联接路径。纳税评估工作正是要将这些系统间的“孤岛”数据进行有效的整合，通过对这些数据进行整理与加工，与企业数据、第三方数据进行有效的比对分析，从中发现企业的涉税风险。

（2）积极获取第三方数据。以数据交换作为突破口，与国税、工商、房管、土地、电力等部门定期做好数据的交换工作，形成制度化的交换模式，提高第三方数据获取的持续性。

充分利用网络公开的数据获取有效的第三方数据，如各种行业标准、各种公开涉税信息等。积极探索从网上“抓取”第三方数据的方法，不断扩展第三方数据渠道源。

（3）积极探索企业数据的获取方法。纳税评估工作是一项以“背靠背”式的案头分析为主的工作方式，不直接到企业查账，而是通过数据分

析与比对发现涉税风险。能否获取足够的分析数据，成为做好纳税评估工作的基础。因此，需要在法律法规规定的条件下尽量获取充分的账务数据。

科目余额表是一种简便有效的获取途径。既不需要调取企业的全部账务数据，也不需要专业的工具，企业财务软件均支持科目余额表的导出功能。科目余额表与往来单位余额表是介于财务报表与企业明细账之间的一项具有分析价值的数据。

（4）充分利用数据比对与分析。第三方数据、征管数据与企业提供数据的比对是目前纳税评估工作的主要方法。数据比对操作简单、灵活，但需要对数据间的逻辑关系具有充分的了解，并且有高度的敏感性。

不断地总结各数据间的逻辑关系，形成一套操作简便、模板式的分析方法，有利于提高纳税评估工作的准确性与有效性。

六、课堂安排

本案例是一个纳税评估案例，教师可以用 5 分钟左右的时间通过请几位学生用一两句话来介绍自己对纳税评估工作的了解来开始案例讨论。通过这种方式，教师可以发现学生们对纳税评估工作有着不同深度的理解和关注。

接下来，教师可围绕课前布置问题展开课堂讨论。第一个讨论要点要求学生在分析过程中不拘泥于案例中表现出来的问题，总结我国纳税评估普遍存在的现象，对我国基层税务机关纳税评估工作提出建议。要求切合实际，尽量多提。在这一点上，教师一定要求学生自己或以小组进行思考分析。第二个讨论要点，关于如何做好数据处理，教师应首先让学生发表自己的看法，最后总结阐述，从而加深学生的认识。第三个讨论要点要求学生高度总结案例中遇到的问题，对纳税评估工作提出建设性意见。

讨论中要鼓励学生表达他们自己的观点，教师要把这些观点在黑板上罗列出来，或由各小组写到各组的白纸上，教师不要评价更不要批评学生的这些观点。如果学生们的观点范围比较狭窄，教师可以通过提一些简化了的特定问题让学生回答来启发思维和增加观点。